超级变现

知识付费的多元实战心法

刘仕杰 ◎ 著

华中科技大学出版社
http://www.hustp.com
中国·武汉

图书在版编目(CIP)数据

超级变现:知识付费的多元实战心法/刘仕杰著.—武汉:华中科技大学出版社,2022.9
ISBN 978-7-5680-8660-8

Ⅰ.①超… Ⅱ.①刘… Ⅲ.①信息服务业-产业发展-研究-中国 Ⅳ.①F492.6

中国版本图书馆CIP数据核字(2022)第142676号

超级变现:知识付费的多元实战心法　　　　　　　　　　　　　刘仕杰　著
Chaoji Bianxian: Zhishi Fufei de Duoyuan Shizhan Xinfa

策划编辑:	饶　静
责任编辑:	程　琼
封面设计:	琥珀视觉
责任校对:	刘　竣
责任监印:	朱　玢
出版发行:	华中科技大学出版社(中国·武汉)　　电话:(027)81321913
	武汉市东湖新技术开发区华工科技园　邮编:430223
录　排:	孙雅丽
印　刷:	武汉科源印刷设计有限公司
开　本:	710mm×1000mm　1/16
印　张:	15.5
字　数:	198千字
版　次:	2022年9月第1版第1次印刷
定　价:	52.00元

本书若有印装质量问题,请向出版社营销中心调换
全国免费服务热线:400-6679-118　　竭诚为您服务
版权所有　侵权必究

前　言

知识，是人类在改造世界的实践中所获得的认知和经验的总和。所以，知识在任何时代都是一种财富、一种力量，尤其是在当前这个时代。那么，这是一个什么样的时代呢？

这是一个中国网民超10亿、互联网普及率达73.0%，人人离不开手机，每天平均上网时间超过5小时的移动互联网时代；这是一个人们被信息冗余包围，每天在各种自媒体及短视频平台上看明星八卦，段子横飞的娱乐化时代；这是一个不少人满脑子想赚大钱，却既没有专业技能，又缺乏认知思维，格局还打不开，每天都在想如何学习、提升的知识焦虑时代……所以，知识付费乘着时代的东风到来了。

2016年是公认的知识付费元年，得到、值乎、分答、喜马拉雅等平台不同模式的知识付费类产品开始崭露头角，有知识付费意愿的用户当年暴涨3倍，达到5000万人；《好好说话》《矮大紧指北》《硅谷来信》《薛兆丰的北大经济学课》《李翔商业内参》等知识付费产品赚得盆满钵满。知识付费无可争议地成为移动互联网时代最重要的发展趋势之一。

时代趋势不会轻易改变，更不会昙花一现。2020年初开始的新冠疫情，使知识付费迎来了新一轮的增长期。据艾媒网统计的数据显示，疫情暴发期间，有63.1%的中国用户购买过知识付费产品。2020年知识付费市场规模达392亿元，人数增长至4.18亿；2021年知识付费市场规模达675亿元，人数增长至4.8亿；2022年知识付费市场规模将突破千亿元，付款用户预计可达5.27亿人。知识付费的用户越来越多，蛋糕越做越大，对知识付费生产者的需求也越来越旺盛。

有需求就有供应。几年来，我们看到越来越多的教师、记者、律师、培训师、营销师、讲解员，以及企业家、高管，乃至于普通读者，也都参与到知识付费的创业或创作中，在自己擅长的领域中发光发热，同时收获知识付费带来的红利。比如，办读书会的樊登，坐拥2000多万粉丝的罗翔，一朝科普天下知识的无穷小亮的日常科普，他们把握住了知识付费时代的机遇，完成了个人身份与财富自由的转型。

当然，在成功的大门之外，总会站着徘徊观望的人。他们站在门外，摸不着门路，上看下看，左思右想，踟蹰不前。他们有知识，有才华，擅长学习，但却不知道如何输出，才能使自己的知识内容和形式更符合时代的调性；他们更不知道如何更好地打造自己，创建自己的知识品牌，成为万人瞩目的知识明星。

基于此，为了帮助更多的人把握住知识付费的时代红利，使知识变为财富，变为力量，笔者根据自己多年的行业研究和自身的创业及创作心得，写成了这本书。本书共分为八个章节。

第一章介绍了知识付费的历史演变和进化历程，包括知识付费的三个发展时期，知识付费从需求端、供给端到平台端的产业链条，知识付费的几种常见产品形态，以及知识付费的多元变现模式，能够使读者对知识付费有个全貌式的了解。

第二章介绍了致力于知识付费的创作者，需要考虑该如何遴选自己所要涉足的知识类别，比如是做硬知识还是软知识？生产新知识和消费性知识有什么区别？商业财经、职场提升、科普百科等知识门类为何成为热门？教学类、热点类、长效类等内容为何受欢迎？只有对其有了深入的了解，才能知道如何更好地选择自己的知识赛道。

第三章到第五章，聚焦知识的载体和形式，从图文到音频到视频及直播，从资料收集到整理加工到内容输出，为读者全面梳理和介绍创作方法与思路，以增强知识付费从业者的创作能力和水平，为多元变现打好内容基础。

第六章衔接第三至五章，从内容投放的角度出发，介绍了图文、音频、视频、直播等不同载体、形态的知识变现平台，以及不同内容形态之间、相同内容形态之间都有着哪些区别，使读者能够了解到自己的内容究竟适合什么样的平台，以及如何通过这些平台变现。

第七章介绍了知识付费的IP策划与产品运营，对于有志于打造个人IP、品牌IP，创办属于自己的知识付费机构或平台的读者来说，可以从中了解到知识付费策划和运营的秘诀，打通从策划到制作到运营的内容全通道。

第八章则从不同的维度对头部IP、品牌创造者、学科意见领袖、草根知识明星等四类"知识明星"，做了较为深入的盘点，希望通过他们的创业历程及方法论，总结他们的成功和变现路径，为读者们未来的知识创业提供参考。

刘润老师曾经说过："知识付费是一个极少数人能成功的行业。"当一个行业的从业人员越来越多的时候，也是一个行业竞争越来越激烈的时候。而一个有志于知识付费行业的人，首先要从现在开始，通过不断的学习，一手抓专业技能的提升，一手抓行业知识的了解，两手都要抓，两手都要硬，这样才能知己知彼，百战百胜。

目 录
Contents

第一章 知识付费的历史演变和进化历程 ······1

  第一节 知识付费的蜕变之路 ······3
    一、破土萌芽,蓄势待发 ······3
    二、一朝爆发,"诸侯"崛起 ······5
    三、持续生长,稳定发展 ······6

  第二节 了解知识付费的产业链 ······8
    一、需求端:有了画像才懂用户 ······8
    二、供给端:打造优质内容才能长盛不衰 ······9
    三、平台端:找对平台,少走冤枉路 ······11

  第三节 掌握知识付费的多元产品形态 ······14
    一、全年订阅专栏:体量大,收益高 ······14
    二、小专栏:短小精悍,价格低 ······15
    三、讲座课程:一对多"现场直播" ······16
    四、线上训练营:"夏令营短期小班"课程 ······16
    五、付费社区 ······17

  第四节 知识付费的多元变现模式 ······18
    一、用户主动付费 ······18
    二、广告流量变现 ······19
    三、商业广告收入 ······19

　　　　四、电商业务变现……………………………………………19
第二章　了解知识分类,甄选付费知识类别与内容………………………21
　　第一节　知识的主要分类……………………………………………23
　　　　一、硬与软的"鱼渔"之分……………………………………23
　　　　二、人文社科与自然科学的"文理"碰撞……………………25
　　　　三、生产与消费的"男女"之别………………………………27
　　　　四、亲近与新奇的"激素"差异………………………………28
　　第二节　比较热门的知识门类………………………………………30
　　　　一、商业财经,赋能创富………………………………………30
　　　　二、职场提升,充电加油………………………………………32
　　　　三、科普百科,开阔眼界………………………………………34
　　　　四、儿童教育,放飞梦想………………………………………35
　　第三节　比较受欢迎的知识内容……………………………………37
　　　　一、教学类,步骤清晰详细……………………………………37
　　　　二、新知类,满足好奇心………………………………………39
　　　　三、翻案类,颠覆固有认知……………………………………40
　　　　四、热点类,吸引注意力………………………………………41
　　　　五、长效类,永不过时…………………………………………43
第三章　优质知识付费文章创作技法拆解…………………………………47
　　第一节　如何写好标题:抓住文眼,统帅全文……………………49
　　　　一、吸睛标题的N种写法………………………………………49
　　　　二、写标题的注意事项…………………………………………52
　　第二节　科普文章写作:心中有数,步步为营……………………54
　　　　一、考虑热点和场景……………………………………………55
　　　　二、思考"为什么"……………………………………………56

三、解释"谁发明的" ……………………………………57
　　四、介绍"怎么做到的" …………………………………57
　　五、给出结果与展望 ………………………………………58
　　六、使其充分"感受" ………………………………………59
　　七、列出参考数据与图片影音 ……………………………60
第三节　爆文套路的科学解析 …………………………………61
　　一、冲突与反转 ……………………………………………61
　　二、营造画面感 ……………………………………………63
　　三、设计三段式结构 ………………………………………64
第四节　优质付费文章写作的几种辅助能力 …………………65
　　一、信息"搜索力" …………………………………………66
　　二、信息"梳理力" …………………………………………67
　　三、图文"搭配力" …………………………………………69
　　四、试读和付费"安排力" …………………………………71

第四章　爆款"音频节目"实操步骤分析 …………………………73
第一节　付费音频稿件的分类和特点 …………………………75
　　一、市场上的付费音频稿类型 ……………………………75
　　二、用"耳朵吸收知识"的特点 ……………………………77
第二节　拆书稿：不拆不成器 …………………………………78
　　一、常见的"拆法" …………………………………………78
　　二、写作拆书稿的注意事项 ………………………………81
　　三、拆书实操训练 …………………………………………82
第三节　讲书稿：麻雀虽小，五脏俱全 ………………………87
　　一、讲书稿的创作原则 ……………………………………87
　　二、讲书稿的结构：入情入境，环环相扣 ………………88

　　　　　三、实操案例指南 …………………………………… 90
　　第四节　原创稿：高起点，高标准，高质量 …………… 93
　　　　　一、原创稿的几大要求 ………………………………… 93
　　　　　二、原创稿的实操步骤 ………………………………… 95
　　　　　三、原创稿的写作辅助技巧 …………………………… 99

第五章　知识类视频与直播创作的N个环节 ……………… 103
　　第一节　视频微课：小课堂，大学问 …………………… 105
　　　　　一、把握视频微课的特点 …………………………… 105
　　　　　二、掌握视频微课的类型 …………………………… 107
　　　　　三、视频微课的制作 ………………………………… 108
　　　　　四、视频微课设计的实操方法 ……………………… 109
　　第二节　知识类短视频：内容新战场，涨粉新风口 …… 112
　　　　　一、知识类短视频的几大特点 ……………………… 113
　　　　　二、知识类短视频的主要表现形式 ………………… 114
　　　　　三、热门知识类短视频的内容特点 ………………… 116
　　　　　四、知识类短视频的内容实操拆解 ………………… 118
　　第三节　知识类直播：数字内容发展新浪潮 …………… 121
　　　　　一、知识直播的几大特点 …………………………… 122
　　　　　二、知识直播的几种类型 …………………………… 123
　　　　　三、知识主播的直播流程 …………………………… 125
　　　　　四、知识直播的实操案例 …………………………… 129

第六章　知己知彼：投放合适的知识变现平台 …………… 133
　　第一节　图文平台：文字创作者的主战场 ……………… 135
　　　　　一、知乎——有问题，就会有答案 ………………… 135
　　　　　二、头条号——你创作的，就是头条 ……………… 136

    三、简书——创作你的创作 ………………………………138

  第二节 音频平台：知识付费的主阵地 ……………………140

    一、喜马拉雅——每一天的精神食粮 …………………140

    二、蜻蜓——更大的世界，用听的 ……………………144

    三、得到——知识就在得到 ……………………………146

  第三节 视频平台：知识付费新的突破口 …………………149

    一、网易云课堂——悄悄变强大 ………………………149

    二、B站——年轻人潮流文化娱乐社区 ………………153

    三、抖音——记录美好生活 ……………………………156

  第四节 直播及工具平台：创造变现的更多可能性 …………159

    一、搜狐——上搜狐，知天下 …………………………159

    二、小鹅通——把工具交给知识精英 …………………162

    三、知识星球——深度连接铁杆粉丝 …………………165

第七章 从零到一：孵化、生产和运营知识付费产品 …………………169

  第一节 知识IP策划：从个人IP到品牌IP …………………171

    一、打造个人IP，形成影响力 …………………………171

    二、打造品牌IP符号，让知识品牌深入人心……………175

  第二节 知识产品运营 ……………………………………180

    一、内容运营——打通内容的进阶路径 ………………180

    二、流量运营——打通公域流量与私域流量 …………186

第八章 他山之石：成熟知识明星多元变现实战分析 ………………191

  第一节 头部IP：名人，自带流量，影响力强 ………………193

    一、罗振宇——资深媒体人的转型 ……………………193

    二、樊登——央视主持人的转型 ………………………198

  第二节 品牌创业者：自我迭代，多赛道变现 ………………203

一、十点读书——林少的"风口经" …………………… 203
　　二、润米咨询——刘润的"私域版图" …………………… 207
　　三、字节有趣——刘仕杰的"内容战略" …………………… 211
第三节　学科意见领袖:让专业课程走进千家万户 …………… 214
　　一、薛兆丰——打造全球最大的经济学课堂 ……………… 215
　　二、罗翔——做"最下饭"的法学课程 …………………… 219
第四节　草根知识明星:用知识改变命运 ……………………… 222
　　一、河森堡——最会讲故事的"国博讲解员" …………… 223
　　二、智能路障——低学历也能做好知识付费 ……………… 226

后记 ……………………………………………………………… 231

知识付费的历史演变和进化历程

  知识付费,从广义上来讲,是一种将知识作为商品出售,从中获取商业价值的经济门类。传统教育行业、图书出版行业等都属于知识付费的范畴。狭义上来讲,知识付费是一种为满足自我发展的需要,从而购买信息内容和服务的互联网经济模式。区别于传统教育,它更强调自主学习和主动付费,包括在线咨询、网络课程、信息共享等内容服务。

互联网的迅速发展产生了信息鸿沟,引发了人们的知识焦虑,激发了人们的学习欲望。移动互联网的出现,又进一步缩短了知识生产者和消费者的距离。而移动支付的普及,以及消费者的消费能力提高,使得知识付费成为可能。于是,知识付费行业的大幕拉开了。

第一节　知识付费的蜕变之路

正如"罗马不是一天建成的",知识付费也不是一蹴而就的。它的出现至少经历了十年甚至更长时间的酝酿。从萌芽期到爆发期再到成长期,知识付费从种子到发芽,从发芽到开花,从开花到结果,正一步一步走向成熟。

一、破土萌芽,蓄势待发

知识付费的萌芽期相对比较长,而且长期是以"知识共享"这个马甲出现的。易观智库发布的《中国知识付费行业发展白皮书2016》,将知识共享定义为三个时代。

1. 知识共享1.0时代——静态知识平台纷纷上线

知识共享1.0时代的突出代表是网络百科,如百度百科、互动百科、MBA智库百科等。

百科是网络协作的产品,内容开放、自由,对于特定问题对象,有大而全的静态问答结果。网友们既可以在上面创建属于自己的词条,也可以搜索自己想要获得的知识。但由于是静态知识分享和获取模式,所以网友们无法在上面进行互动讨论。

百度百科测试版于2006年4月20日上线,正式版在2008年4月21日发布,截至2021年12月,百度百科已经收录超2500万个词条,超过2亿个版本,参与词条编辑的网友超过750万人。百度百科目前已经是全球最大的中文百科全书。

2. 知识共享2.0时代——动态知识社区热闹非凡

知识共享2.0时代的突出代表是知识社区，如知乎、百度知道等。

知识社区以知识讨论为核心，各抒己见的参与者主导信息更迭，是一种动态知识获取模式。网友们可以通过注册社区账号，获得发布和评论权限，并通过自发跟帖的形式，对大家感兴趣的某个特定问题进行互动讨论。

百度知道发布于2005年6月21日。某个用户提出问题后，其他用户可以解答该问题，并且获得相应的积分奖励。该问答也会进一步成为百度搜索引擎的搜索结果，提供给其他有类似疑问的用户，达到分享知识的效果。

知乎于2010年12月开放，是一个问答社区，连接各行各业的用户，用户可以在这里分享着彼此的知识、经验和见解。与百度知道相比，知乎更像是一个论坛：用户围绕着某一感兴趣的话题进行相关的讨论，同时可以关注兴趣相投的人。

3. 知识共享3.0时代——知识变现平台初现峥嵘

据腾讯研究院的报告指出，2011年至2015年，是知识分享的小范围付费时期。付费订阅和打赏是当时知识变现的主要模式。

随着移动互联网和智能手机的兴起，2011年人们获取信息的方式发生了重大变化，开始从传统的书籍报刊、PC端向移动终端转变。随后，以支付宝、微信为代表的移动支付工具的不断发展，为移动端的"知识付费"崛起提供了肥沃的土壤，一部分对优质内容有需求的网友开始为知识付费。

知识共享平台瞅准时机，开始尝试从免费到付费转型。2011年，豆丁网推出付费阅读产品；2013年，罗辑思维开始招募付费会员；2014年微博开通打赏功能，豆瓣阅读开启付费专栏；2015年，微信推出赞赏功能……知识分享从免费进入到付费时代，知识经济逐渐萌芽。

二、一朝爆发，"诸侯"崛起

2016年被称为"知识付费元年"，各类知识付费平台及其内容在互联网上呈现井喷之势，带来了一大批知识付费产品抢占资本市场。4月，问咖、值乎出现；5月，分答、知乎Live面市；6月，得到"李翔商业内参"上线，喜马拉雅FM"好好说话"推出，果壳"职场沙龙"推出；8月，知乎专栏赞赏功能、雪球问答、VIPABC"V来秀"直播、联想"知了问答"上线；9月，虎嗅推出付费会员，提供深度报告等内容……几乎每个月都有知识付费产品走红，取得了丰硕的变现成绩。

其中，分答是2016年度最引人注目的付费语音问答产品。上线仅四十二天，就有超过1000万授权用户及100万付费用户，33万人开通了答主页面，产生了50万条语音问答，交易总金额超过1800万元。

知乎Live是一款实时问答互动产品，是知乎尝试知识变现的首要模式。根据知乎的数据，知乎live上线一年后出现了近1300名分享者，3000多的分享场次，总参与人次达到350万，总收入将近1个亿。

得到APP是一款由罗辑思维团队出品的知识服务产品，主要通过音频、电子书等方式为用户提供知识。作为知识付费舞台上的顶流明星，其首个付费专栏《李翔商业内参》获得马云推荐，当天订阅数就破1万，订阅额超200万元。2016年12月，得到APP用户超过350万，上线一年营收超过1个亿；2017年12月，得到APP入选APP Store 2017年度精选的年度趋势（知识付费类），累计用户超过了3400万人次。

喜马拉雅FM是一款知识付费类型的综合类音频平台，集个人成长、有声书、电台、音乐、资讯、英语等内容为一体。2016年6月，喜马拉雅FM首次试水推出付费音频产品《好好说话》，当天销售额破500万元。2016年12月3日，喜马拉雅FM举办首届"123知识狂欢节"，24小时知识消费破5000万元，相当于淘宝"双十一"第一年的销售额。2017年的第二届"123知识狂欢节"，知识消费总额接近两亿元。

在喜马拉雅第二届"123知识狂欢节"期间，知乎、豆瓣、网易云课程、有书、京东等也都推出了自己的知识狂欢节。短短一两年的时间，各类知识付费平台在风口之上赚得盆满钵满，也由此印证了知识青年们高涨的消费欲望。

据网易云课堂、中国大学MOOC和网易公开课联合果壳网MOOC学院共同发布的《2016知识青年报告》显示，2016年付费人群占总人数的70%，比2015年的26%上涨44%，付费比率暴增，为优质内容付费已经成为共识。

三、持续生长，稳定发展

伴随着知识付费的井喷式爆发，变现链条更短、上升空间巨大的知识服务行业吸引了大量的人才和资本进入。各大互联网企业与平台，无数个内容创业团队和个体创作者，纷纷在竞争中求生存，在发展中谋壮大，促使知识付费产业规模进一步扩大。

1. 自媒体内容平台纷纷布局知识付费

知识付费是内容变现的一种形式。伴随着知识付费的火爆，头条号、百家号、企鹅号、UC大鱼号等各大自媒体内容平台，纷纷加大对平台的建设力度，也开启了内容平台的补贴大战。

头条号首先发力。早在2016年9月，张一鸣就指出，短视频门槛低，需求旺盛，创作甚至创业都大有可为，已成为内容创业新近崛起的风口。同年，今日头条决定，在未来12个月，至少投入10亿元人民币补贴给头条号上的短视频创作者，同时给予每一条优质原创短视频至少10万次加权推荐。百家号也不甘落后。2016年11月，百度百家召开2016年内容生态大会，表示2017年百度将向内容生产者累计分成100亿元。企鹅号也迎头追赶。2017年2月，腾讯企鹅媒体平台发布"芒种计划2.0"，宣布平台上的作者将得到10亿元补贴扶持和2亿元投资基金，内容分发的流量会参与分成。

各家自媒体平台的大幅度补贴，给了内容机构和创作者极大的创作动力，推动了内容创业和知识付费的进一步发展。音频自媒体平台方面，2017年，蜻蜓FM也加入知识付费"造节大军"，首度推出会员服务，并接连打造"91蜻蜓日""123超级知识节"等狂欢式活动。视频自媒体平台方面，近两年B站、抖音和快手也开始大力拓展知识付费业务。据《2021 B站创作者生态报告》显示，过去一年，知识区创作者规模增长了92%，学习人数突破1.83亿。2021年12月29日，抖音正式推出"学习频道"，为知识类内容专门设置分区，提升平台学习属性。

2. 泛知识付费行业进入稳定发展阶段

知识付费的主要形态是泛知识付费。相对于传统认知中学校和书本上的知识，泛知识领域涉及的范围更广，只要是对个人的知识、技能有所提升，对日常生活有所帮助的内容，都能用"泛知识"来形容。

据巨量算数联合创业邦发布的《2021中国泛知识付费行业报告》显示，中国泛知识付费行业市场规模增速在2018年达到202%，近年来一直维持在40%以上的增幅，2021年市场规模预计达到675亿元。

而泛知识付费行业在发展过程中，其内容所依托的载体经历了图片资讯—音频—中长视频—短视频—直播的迭代,依托于技术革新的基础设施在其中不断发挥正向提升的作用。时间被切割得更加碎片化,用户们的学习场景也在不断拓展,渗透在学习、生活与工作中。

从用户规模数据来看,用户数量在2020年达到了4.3亿,泛知识付费行业目前仍然处于稳步提升的态势。从用户渗透率来看,43%的现有渗透率也表明,在未来增量用户市场的挖掘及开发仍然拥有广阔空间。

> **链接**:常言道,"知识改变命运",在各类竞争日益激烈的今天,人们对知识的渴求越来越旺盛,知识付费可以说是社会经济发展的必然选择。而且相对于免费知识,知识付费有利于人们高效筛选信息,付费的同时也激励优质内容的生产,以及整个产业链的良性发展。

第二节 了解知识付费的产业链

在知识付费的世界里,分工非常清晰,从需求端到供给端再到平台端,共同组成了知识付费的产业链。其中上游是知识内容提供者,中游是内容平台和技术提供商,下游是内容付费者。

一、需求端:有了画像才懂用户

俗话说,"需求决定市场",要想在知识付费领域让流量变现,必须要理解你的用户。当前,知识付费市场正经历着转型与变化,为了使知识付费领域的用户画像更加客观,我们梳理了历年来的三份权威报告。

《2016知识青年报告》显示:在知识青年大军中,90后和80后占比超9成,其中90后更是占到69.51%,成为主力;学习用户主要分布在一线、二线城市；快速发展变化的互联网行业，学习行为更为普遍，教育行业紧随其后；视频、APP和在线阅读都是主流的在线学习方式，音频则成为2016年异军突起的黑马；半数人付费金额都在300元以下。

艾媒咨询发布的《2018中国知识付费市场研究报告》显示：知识付费用户群体年龄主要集中在25~35岁；63%的付费用户为本科学历，大专学历用户占比21.3%；半数以上的付费用户收入在3000~8000元，且大多为企业员工与基层管理人员；付费课程的类型多是商业、生活、亲子、职场、教育、健康、情感和人文；近一半用户通过音频学习，通常是边做事边听，对省时间的需求较大。

艾媒咨询发布的《2020年中国知识付费行业运行发展及用户行为调研分析报告》显示：2020年，新冠肺炎疫情暴发以来，63.1%的用户购买过知识付费产品，主要以职场技能类内容为主；88.8%的在线学习用户购买过知识付费产品；在线学习用户以80后和90后为主，主要分布在一线、二线城市，但三四线城市的上涨趋势明显；46.8%的知识付费用户每月花费500~2000元购买知识付费产品，约九成用户表示会再次回购。

通过这三份报告可以看出，知识付费的受众群体主要呈现高学历、白领化、年轻化这三个特征。知识付费的受众群体规模和消费额度整体在上涨，三四线城市正成为新崛起的流量高地。另外，受新冠疫情经济增速放缓影响，人们经济压力和精神压力增大，对于知识付费产品的需求也将同步增加。

二、供给端：打造优质内容才能长盛不衰

俗话说，"一分价钱一分货"，处于供给端的知识付费提供者，要想让自己的产品和服务卖出更高的价格，必须能够持续生产出优质的内容，这也是保持知识付费长盛不衰的秘诀。目前，知识付费行业在供给端主

要有UGC、PGC、OGC三种内容生产模式。

UGC，全称为User Generated Content，即用户生成内容，是用户将自己原创的内容，通过平台进行展示或提供给其他用户。比如知乎、微博、豆瓣、抖音等平台里的绝大部分内容，就是由一个个普通用户创作贡献的，平台只是负责协调和维持秩序。

早期的互联网内容生产，一般都是UGC。由于这些普通用户缺乏专业性，生产出的内容质量参差不齐，很难实现知识付费。而随着互联网的发展，用户对优质内容的需求越来越强烈，PGC应运而生。

PGC，全称Professional Generated Content，即专业生产内容。它就是由一小部分专业的人或机构来生产内容。生产者具有专业身份，有些还是行业专家，像微博大V、知识达人、科普达人等，能够贡献出具有一定水平和质量的内容。

比如早期的《罗辑思维》《飞碟说》等节目，就是出自专业的PGC内容制作团队。其优质的内容对用户产生强烈的吸引，有助于实现用户导流和知识付费。所以，很多个体UGC生产者，在积累了能力、经验和粉丝后，都会向PGC转化，通过成立公司、打造团队，输出更多更优质的内容，实现多元化的变现。

与PGC同样专业的还有OGC。OGC，全称Occupationally-generated Content，即职业生产内容，指视频、新闻等网站，或者知识付费平台中，以提供相应内容为职业的人。比如记者、编辑、专职作者等，他们的职业就是输出知识，然后领取相应的工资和报酬。

那么，UGC、PGC、OGC这三类内容生产者，又是为何进入知识付费行业？如今又面临着怎样的市场环境呢？

据千聊联合多家平台出品的《2021知识付费行业研究报告》显示，40.83%的知识付费从业者表示，是因为对行业发展前景看好，所以才选择入行。24.06%的从业者是因为想开展个人副业；18.34%的从业者是因为公司业务发展入行，传统行业转型线上的壁垒逐渐消失；另外，还有8.48%的从业者是因为疫情入行，这说明疫情加速了线下转型速度，也催生了一批新的从业人员。

关于整体市场，知识付费的受众在2020增长至4.18亿人，直播、私域流量、视频号的火热都为知识付费行业的发展提供了新的可能。这也使得知识付费的个性化程度越来越高，内容的生产者不再都是头部的流量大V、业界知名人士，越来越多细分领域的知识从业者加入知识付费的行业中。

三、平台端：找对平台，少走冤枉路

俗话说，"平台决定高度"，好的平台能够提供优秀的资源和庞大的流量支持，而建立自己的平台，也是每一个知识付费从业者的终极梦想。

目前，知识付费平台主要有以下几种。

1. 流量型平台

流量型平台流量大、曝光高，精准粉丝多，主要代表有喜马拉雅FM、知乎、B站、抖音等。

喜马拉雅FM是中国最大的音频分享平台，也是目前流量最大的平台，总用户规模已经突破了6亿。其中涵盖了个人成长、商业管理、历史、人文、英语、科技等知识频道。

在知识生产与输出方面，喜马拉雅采用了PGC+UGC相结合的模式（PUGC）。一方面，喜马拉雅设置了"主播工作台"功能和录音、直播入口，提供各类文档和背景音乐，用户可以用最简单的设备随时随地参与内容生产，也可开通收费服务，这大大激发了UGC用户的创作热情。另一方面，喜马拉雅对一些潜力主播进行商业化支持，帮助他们实现了从UGC到PUGC的转变，也因此打响了品牌的知名度，获得了越来越多的流量。

知乎是最大的中文问答社区。知乎于2011年成立，2017年上线"知识市场"，其中包括知乎Live、值乎、书店等多种形态的知识付费业务，面向所有有学习需求和自我提升意愿的人群。

目前，知乎拥有2.8亿注册用户量，日活用户数2600万，月浏览量180亿，平均访问时长60分钟；一共聚集了41万个话题，3600万个提问，1.7亿个回答；每天有超过百万的用户关注这些话题并产生优质讨论，知乎用户在UGC内容生产上释放出了巨大的能量。

2. 自建型平台

尽管流量型平台的流量大，但商家入驻后往往需要通过不断优化自己、竞价投放等来获得更大的曝光量，而且许多玩法、规则也受到平台的限制。因此，一部分头部玩家建立了自己的平台。比如得到、樊登读书、凯叔讲故事、十点读书等，都有自己的网站、APP、社区等，搭建起了私域流量体系。

比如得到APP，是罗辑思维团队花费两年多时间打磨的一款知识服务类产品，同时它也是一个知识付费平台，聚集了国内头部精品知识资源，通过付费专栏、精品课、大师课、每天听本书等高质量内容服务用户。所以，从产品的角度来说，得到APP属于知识付费领域的PGC或OGC，其由行业顶尖的专业人士输出内容，受众群体则是中产或准中产阶层的、年龄在20~50岁的人群，且男性多于女性。

凯叔讲故事同样也属于自建型平台。2014年，凯叔讲故事通过流量平台微信公众号推出一系列经典故事、国学知识等音视频产品。不到两年的时间，就拥有超过400万的用户。2016年，凯叔讲故事发布了第一个付费产品《凯叔西游记》，正式跨入付费时代。同年，凯叔讲故事开发APP，打造属于自己的线上平台。

不过，自建平台并不等于放弃流量型平台。比如凯叔讲故事，部分内容仍然在喜马拉雅FM等平台播出。还有十点读书，虽然早已经有自己的APP，但是仍然在微信公众号、喜马拉雅、抖音等各大流量型平台开花结果。

3. 工具型平台

工具型平台，一般不提供流量，仅提供技术支持，适用于希望打造自己的品牌，不愿意将自己的流量导入到其他平台上的知识内容生产者。平台可提供一站式付费服务，快速帮助中小V用户形成品牌闭环、沉淀和变现，比如小鹅通、短书、淘淘课等。

小鹅通成立于2016年，是一家基于微信的上市公司。小鹅通集合了图文、音频、视频、直播、问答、社群、活动等诸多付费形式，核心内容涵盖了付费支持、内容分发、运营管理与运营等。对于知识内容生产者来说，小鹅通可以帮助商家打掉线下繁琐、冗长、高昂的建站成本，使其在微信生态构建起有效转化的私域流量池，学员、课程内容完全属于品牌方，营销裂变和商业变现更加顺畅。其中就包括了《十点课堂》《科学队长》等精品节目。

截至2021年底，小鹅通共服务160万家商家，行业覆盖教培机构、医疗健康、互联网科技、快消零售、咨询服务等100余个垂直细分行业，影响着大约7.8亿的终端用户。

短书于2017年上线，包含内容付费、在线课堂、教学直播、内容电商、招生营销、客户管理、社群运营、数据分析八大模块，共服务20多万个商家。其中包括侦探学院、柠檬音乐课、精通教育等头部商家。

淘课课于2018年上线，支持"功能定制""源码开发"等功能，覆盖自媒体、教育机构、线下社群以及个人。店铺支持图文、音频、视频等多样化内容承载方式，满足知识匠人的创作需求，目前共服务数万名商家。

相对来说，小鹅通和短书、淘课课的功能并没有太大差异，但小鹅通名声大一些，技术实力更强，做知识付费的时间也比较久，更适合中小型教培机构、个人创业者和新手入门使用。

> **链接：** 我们今天所说的知识付费，并不是为"知识"而付费，而是为"获得知识的过程"也就是教育而付费，我们是把钱付给了帮助我们转化知识的人。听起来可能有点绕圈子，但正是这个圈子构成了内容提供者、孵化与运营机构、在线知识付费平台，以及提供技术支持的服务企业共同组成了知识付费的产业链。

第三节　掌握知识付费的多元产品形态

选择产品形态，就是选择在哪里以及如何呈现在用户面前并与用户产生联系。经过多年的发展，知识付费已经呈现出多样化的产品形态，常见的有以下几种。

一、全年订阅专栏：体量大，收益高

2016年知识付费行业出现了以个人品牌为主题的付费订阅专栏，比如得到APP的《李翔商业内参》《雪枫音乐会》等，获得了巨大的成功。其成功的原因有以下几点：

一是个人品牌化。创作者都是行业专家、名人大佬等，有超强的个人影响力，也有持续产出新内容的能力。比如李翔，曾任《经济观察报》主笔、《第一财经周刊》总主笔、《财经天下》主编，在财经领域知名度高，且一直从事知识创作与输出工作。

二是知识成体系化。因为全年订阅专栏，每周都要更新，购买者也希望获得长期的学习效果，所以生产者必须提供体系化的知识，而且整体体量要大得多，各篇专栏中的知识点之间也需要紧密地联系。

三是内容具备通识性。知识付费的内容不同于大学里的专业理论课程，受众不仅限于拥有专业背景的学生，所以输出的内容必须要具有通识性，能够考虑到尽可能多的人的需求，帮助他们快速理解和吸收知识。

二、小专栏：短小精悍，价格低

全年订阅付费既有它"大"的优点，也有它"大"的不足，正是庞大的体量限制了它更多的可能性。于是，"小专栏"应运而生。

首先，对于绝大多数的知识生产者来说，如果他们之前从事的不是知识输出工作，那么长达一年的服务周期，每周、每天做高水准、稳定的输出将会是沉重的负担，可能会让他们望而却步。

其次，对于部分领域来说，有的知识不需要那么多的内容，如果为了实现全年订阅，依靠凑期数、集数来实现更大的变现，那么只会让购买者在使用之后直呼上当。就如同前些年的电视剧行业一样，剧情拖沓灌水，纯粹地凑集数只会给自己和平台带来坏口碑，所以如今很多的电视剧都采用了十几集的"迷雾剧场"模式，集数少、剧情紧凑、制作精良，更能吸引用户付费。

最后，在如今这个快节奏时代，受众往往更希望获得干货，并且能够在短时间内快速学完，马上投入到实践应用当中。所以仅有10集或20

集,可一次性或短期内全部更新完毕,而且价格低,只有几十元、十几元的小专栏,才会越来越受到学习者的青睐。

三、讲座课程:一对多"现场直播"

如果说全年订阅专栏、小专栏是把包装好的知识产品像一本书那样交付给用户,那么讲座课程则是一堂公开课,在教与学的互动中,讲授者将知识传递给学习者。

知识付费"讲座课程"的一大源头是微信群中的语音分享。最初,在一些兴趣主题的微信群中,群主会邀请人做语音分享,微信的语音有60秒的限制,嘉宾会讲几十个语音片段,并配以文字和图表。比如早期的樊登读书会,樊登就是在微信群里给会员提供60秒读书分享,一段接着一段,这样大大降低了语音分享的门槛,使其逐渐演化为知识付费中"讲座课程"的主要形式。

2016年5月知乎Live上线,可以说是微信群知识分享的升级。这是一款实时问答互动产品,答主可以创建一个Live,它会出现在关注者的信息流中。用户点击并支付一定的票价后,就能进入到沟通群内,听取讲座,并进行互动。

伴随着视频直播的兴起,知乎Live也出现了少部分的视频形式的Live,但大多数Live仍然是音频形式的。因为音频Live对于主讲人来说有更大的自由度,不像视频主讲人需要考虑讲授的环境,自己的服饰妆容,如何管理面部表情等。

四、线上训练营:"夏令营短期小班"课程

线上训练营与讲座课堂一样,都采用教育培训的服务逻辑,讲求老师和学员的交流互动。不过,线上训练营类似于夏令营短期小班课程,

老师的讲授仅是课程中的1/2,甚至1/3。它更强调嘉宾的分享、学员的实际练习和学员间的交流。与线上课堂相比,线上营的学员人数少,知识深度、练习强度和交流强度加大。

线上训练营通常有一个明确的、较短的周期,比如14天、21天或一个月。这种时间安排可以让学习者在短期内集中精力,全力投入到课程的学习和实践当中。比如方军的"14天知识经济实战营",秋叶的"知识型IP训练营",陈立飞的"写作训练营"等。

线上训练营一般在微信、钉钉、小鹅通、腾讯课堂等平台直播,课程期间和课程结束后,会持续组织线上学员交流讨论,也会尝试招募社群专业志愿者,在第二、三期中,邀请学员代表担任学习导师,形成一种共同学习、共同创造知识的产品形态,并且在讨论知识产品的演进时,会详细地分享实战营的经验教训。

五、付费社区

付费社区是果壳网、分答创始人姬十三,在2017年的36Kr"WISEx知识新经济峰会"上提到的概念。它是将过去的网络论坛和主题贴吧进行改造,变成以论坛发起人为主的社区。某些场景下,付费社区也可以称为付费社群,付费社群类似于师父带徒弟,能够营造出深入交流学习的场景与氛围。比如知识星球、饭团和分答、知乎、小鹅通的付费社区,以及QQ、微信的付费群等。

与讲座课堂和线上训练营相比,付费社区的学习周期更长,有半年、一年甚至永久。一般由知识达人发起,持续地提供内容,回答问题,并创造社区成员交流的氛围。比如分答的第一个社区"职场理性派",由大V"科学家种太阳"发起,内容主打帮助职场新人"用理性派的逻辑学实现职场精进",定价99元/半年。

> **链接：** 知识只是一种信息，只有转化成产品，变成可交付的商品，通过交换，才能实现知识的价值。而知识产品的形态多种多样，这也意味着只要我们学会了知识输出的方法，总能找到合适自己的知识付费产品形态。如果你能力够强，也可以输出多种产品，打造多元化的知识付费模式。

第四节　知识付费的多元变现模式

好的知识产品也需要好的变现路径。如今，在快速迭代的互联网技术之下，知识付费行业的变现模式也越来越多，收益来源呈现出多元化态势，但主要的还是以下四种。

一、用户主动付费

目前，知识付费行业的用户付费体系已经较为完善，其主流的付费模式包括单课付费及会员制付费等方式。其中，单课付费模式下，用户根据个人喜好，对图文、音视频等课程产品进行以课程讲数、节数为单位的一次性付费行为，并获得课程的永久使用权。

会员制模式下，用户通常以一段时间为单位进行订阅付费，用户可在一段时间内享受任意收听、收看或下载开发者提供的课程内容服务，会员订阅期满后，用户不再享受相关课程的使用权。大多数知识付费公司提供上述两种模式相结合的收费模式。

另外，还有一种是打赏模式。这是一种完全主动性的知识付费模式，完全依靠读者对内容的认同感、对知识达人长期传输的价值观、人文素养的认可，从而主动形成知识付费的过程。

二、广告流量变现

广告流量变现，也可以叫作"免费+广告"变现模式，指未付费用户可以免费阅读、收看或收听、下载感兴趣的内容，应用开发者或运营厂商基于其积累的用户规模而产生巨大的流量，以自身内容产品为载体，直接或间接向第三方广告平台或终端广告主提供广告服务，获取广告收入。

APP 内的主要广告展示形式包括音视频插播、全屏展示、开屏展示、横幅展示等，并按照 CPM（按每千人展示）、CPC（按每千人点击）、CPS（按实际销售提成）等效果收费模式向广告主收取价款。而知识内容生产者或者主播，可以向平台申请开通广告分成，获得广告收益。

三、商业广告收入

这里的广告变现，指的是知识生产者与广告主合作，将广告内容嵌入到知识产品中，以此获得广告宣传费用。广告分为硬广告和软广告。知识自媒体创作能力强，通常运用软广告的形式，将广告内容隐藏在文章、音频和视频当中，形成一种润物细无声、春风化雨般的广告效应，收益非常可观。比如2016年papi酱首次进行广告拍卖，获得2200万元，2017年鸡汤博主咪蒙通过商业广告变现所获广告费达5000万元。

四、电商业务变现

目前，移动电商呈现出由优质内容、社交媒体、社群引导的新趋势。知识自媒体的粉丝黏性高、忠诚度高，介入电商领域，进行衍生产品的销售，具有得天独厚的优势。比如罗辑思维卖书，"一条"卖设计师的独立产品，这些都是典型的"知识+电商"的变现模式。通过知识与商品、服务的有机结合，让"可见即可卖"成为现实，从而大幅缩减了知识变现周期。

> **链接**：知识付费的变现模式多种多样。从内容付费的角度来说，包括平台订阅付费、在线教学变现、问答咨询付费、图书出版变现等；从广告分成的角度来说，包括平台广告分成、第三方植入广告、流量广告变现、冠名赞助变现等；从流量变现角度来看，包括平台流量分成、付费会员变现、付费社群变现、直播送礼变现等；从商业模式的角度来看，包括知识版权开发、跨界商业合作、知识媒体电商、第三方支持变现等。

了解知识分类,甄选付费知识类别与内容

知识,是符合文明方向的、人类对物质世界以及精神世界探索的结果总和。知识分类,是人们出于生存和生活的需要,依据一定的原则与方法,按照不同的方式、标准,将具有共同特征的知识汇集归并成类的活动。在如今这样一个知识爆炸的时代,为了应对精细的社会分工,以及各个领域的飞速发展,人们对知识的分类越来越精细,对知识的学习也越来越精准。无论是知识提供者还是知识接受者,都在致力于成为某个领域的专家,形成自己的知识体系。

谷歌前董事长埃里克·施密特曾说过：人类从直立行走到2003年的四百万年间，一共创造了5艾字节的信息，这个存储量相当于50亿部1G电影；而到2010年，人类每两天就会创造5艾字节的信息；再到2013年，人类每10分钟就创造5艾字节的信息；直至到今天，人类每1分钟就创造5艾字节的信息。如此庞大的信息体量或者说知识体量，对于个人的一生而言，真正能学到的、用到的微乎其微。所以，作为知识付费生产者，必须要了解知识的主要分类，以及当下最受用户欢迎的知识类别，这样才能有的放矢。

第一节 知识的主要分类

知识分类是哲学的一个重要研究领域，它是知识筛选、管理、积累、传承与创新的重要前提，它能够克服知识的繁杂、凌乱与局限性，促使知识更有条理，更有秩序，更具系统性，从而促进知识的不断积累和创新。

人类历史上关于知识的分类多种多样，从东方的孔子到西方的柏拉图都有相关的论述，此后的两千多年间人们也从不同角度对知识进行过分类。比如孔子把古代的知识分为六艺，分别为礼、乐、射、御、书、数；亚里士多德把知识分类为纯粹理性、实践理性和技艺；罗素把知识分类为直接经验、间接经验、内省经验。这样的不同的分类不计其数，下面我们主要从知识付费的角度，来讲四种知识的分类。

一、硬与软的"鱼渔"之分

诺贝尔经济学奖获得者哈耶克把知识分为两类：硬知识和软知识。所谓硬知识，指的是容易用语言、文字、数字、图表、公式等方式表达和传播的知识，也就是我们在学校里学到的各种知识。所谓软知识，指的是那种很难或者很少用语言、数字、文字、图表公式等方式表达和传递的知识，尤其是很难用数字和图表公式来准确表达，比较抽象，只可意会，不易被人们察觉的知识。

用咱们古人说的"授人以鱼不如授人以渔"（传授给人既有的知识，不如传授给人学习知识的方法。）来比喻的话，硬知识就是"鱼"，是可以很容易从别人那里得到的，但由于不懂捕鱼的知识和技巧，所吃到的鱼也只能"仅此一次"；而软知识就是"渔"，代表着学习、运用、融会贯通各种知识和技能的内在能力，比如思维、认知、格局等，相对而言就不那么容易学到，而一旦学会，学习从此将会变得很轻松，对一个人的职业发展非常有益。

比如一个大学数学系的学生，在学校里学习了数理统计、微积分、高等代数等专业课程，这些都是硬知识。可是，进入到职场之后，或是工作中很少用到，或是从事了本专业以外的工作，经常是过不了几年，就会把学过的知识还给老师，原因就在于只知其然而不知其所以然。但是，通过学习数学知识，他得到了逻辑思维能力，这个能力不会轻易忘掉，甚至可以说已经融入他的潜意识里了，这能帮助他以后更好地掌握各种新的知识，适应新的环境，这就是软知识的力量。

相对于传统学校教育中"丁是丁，卯是卯"、死记硬背、可以获得学位的硬知识，经过长期社会实践总结和体会出来的软知识，很容易被人忽视。然而，在职场当中，真正能帮助人获得成功的，往往就是这些来自实践的经验和感悟。

比如企业管理咨询O2O教育平台"微观学社"在讲股权激励时说道：定目的、定对象、出资以及退出的方案，这是操作方法，也是硬知识。而这个股权方案能否真正落地，得看老板对企业的驾驭能力，还有员工对老板的信任程度，这种能力包括格局、魄力和诚信力，也就是软知识。

老一辈企业家一般获取的硬知识比较少，但软知识却可能是他的核心竞争力。现实中有很多创一代创业成功后，把企业交给顶着MBA和EMBA头衔的创二代，但没过多久企业就垮了，原因可能就在于创二代没有父辈身上的软知识。

这里给大家讲一个小故事。松下幸之助是日本著名公司松下的创始人，被誉为经营之神，他的学历很低，只上到小学二年级，但却开创了非常成功的事业。有一年，他的一个侄子从哈佛毕业，想到松下来工作，当时公司里边连正经的大学生都没有,更不要说留学的名校高材生了。所以松下幸之助的侄子希望自己能够做总经理助理之类的高管,来管理这些"土包子"员工。但松下幸之助却对侄子说,如果你想在我的公司里做,就从学徒工开始,跟着最老的师傅学3年,之后再说别的事情。侄子很不理解,但是也没有办法,只好跟着老工人去做学徒。后来,通过不断的学习、努力和沉淀,他的为人处世和心态都发生了很大变化,变得越来越成熟,也做出了不俗的成绩,终于成了松下的接班人。他说:"那3年我学到的东西是我在商学院10年都学不到的,是对我影响最大的东西。"这就是软知识的力量。

所以,综合来看,软知识可能更有现实意义,对用户也更具吸引力,是知识付费创业者最应该努力的方向。

二、人文社科与自然科学的"文理"碰撞

人类的知识,有两大基础分类:人文社科类知识和自然科学类知识。人文社科类主要包括文学、历史、哲学、政治、法律、艺术、经济学、管理学、心理学、教育学、新闻学、人类学、社会学、语言学等类别。它更偏向人为的知识,因为这一类知识是人类出现后,为了方便人类的交往、发展而产生的。

自然科学类主要是研究自然界的物质形态、结构、性质和运动规律的科学。它包括化学、物理学、生物学、天文学、地球科学等基础科学和医学、农学、气象学、材料学等应用科学。这类知识本身是一种自然现象,是先于人类而存在的,人类只不过在发现和改造自然的过程中,将其转化为语言、文字、数字、图表公式等形式的知识。

那么,将人文社科类知识和自然社科类知识进行对比,究竟哪一种更适合做知识付费呢?我们可以考虑以下几个维度:

从知识输出的角度来说，自然科学类知识要比人文社科类知识输出难度大。因为自然科学是一门技术性很强的知识学科，高度逻辑化、系统化、概念化，知识生产者要想做好科普，需要面临非常大的困难和挑战。

《知识的力量》一书中说："科学普及有如下要素：第一个要素就是'简化'，尤其是忽略数学和细节记忆；第二个要素就是'翻译'，即科学普及工作者用普通的、非技术的用语和概念来解释科学家工作中的想法。"

简单来说，科学普及就是把高难度、复杂的东西，变得通俗、易懂，最好还能在生活中应用，让人容易记住。关于这一点，想一想如何把复杂的微积分应用到日常生活中，就知道了其中的困难程度。

从受众需求的角度来说，走出校园的知识消费者，更多的是希望获取人文社科类知识。从小我们就听说过一句话："学好数理化，走遍天下都不怕。"可是，放眼整个社会和职场，除了专门从事相关职业的人之外，很少有人会学这些知识。因为学习数理化，无论在升职加薪还是营造幸福感方面，都不能发挥太大的作用。反而是一些经济学、管理学、社会学、心理学知识，可以提高我们的能力和情商，帮助我们更好地混迹职场。另外，像哲学、文学、艺术等方面的知识，也可以让我们在这个焦虑的时代获得更多的幸福感，也会有很多人选择付费。

再来看看知识付费的头部大咖，大多数都是文科生。比如在知识付费四大咖中，罗振宇是学新闻传播的，凯叔是学播音主持的，樊登虽然本科读的是材料工程，但硕士和博士读的都是文科，而他们选择的赛道也跟自己所学的专业有很大的关系。罗振宇的《罗辑思维》涉及政治、历史、经济等一系列内容；樊登经常讲企业管理，因为他做过EMBA讲师；凯叔在电视台做了十几年主持人和配音演员，给儿童讲故事更是手到擒来。他们输出的知识都很符合他们文科的路子。

所以，综合来看，人文社科类的知识是知识付费的主要知识类型。

三、生产与消费的"男女"之别

从人们对知识的需求来说，知识可以分为两大类：消费性知识和生产性知识。

消费性知识需求是指人们为了达到猎奇、身心健康、生活居家、情感交流等目的，对知识产品进行最终消费的需求。包括兴趣爱好（政治、历史、诗词等）、社交情感（情感生活、心理咨询等）、个性化服务（美妆、穿戴、私人订制等）、生活服务（育儿知识、时尚生活、健康养生等）等方面的知识。例如，阅读励志人物的传记，可以帮助阅读者重建信心；学习健康养生知识，可以让我们身体健康。

生产性知识需求是指人们为了提升个人能力，获取经济利益，所引发的对相关知识产品进行消费的需求。包括投资创业（股市知识、理财知识等）、专业知识（行业分析、企业案例分析等）、工作经验（职业规划、职场心得等）、创意策划（室内设计、活动策划等）、学习提升（外语、写作、办公软件等）。例如，工人学习机器操作知识，是为了提高工作效率；白领学习股票知识，是为了多赚一些零花钱。

据莫乎资本团队调研发现，消费性知识需求用户的平均付费转化率仅为30%，而生产性知识需求用户的平均付费转化率为60%。原因在于生产性知识相对而言专业性更强，可替代品较少。

对消费性知识需求用户的年龄进行分析，20~40岁之间的消费者占比87.6%，其中26~30岁人群的占比最高，约为32.8%。生产性知识需求的用户同样集中在20~40岁的年龄段，其中26~30岁的人群占比为25.7%，31~35岁的人群占比为26.4%。

对消费性知识需求用户的性别进行分析，女性平均占比大于男性。其中，寻求美妆、穿戴、私人订制等个人性化服务的人群中，女性占比高达82.5%；寻求社会情感和生活服务的人群中，女性占比分别达到67.1%和70.5%。而对生产性知识需求用户的性别进行分析，男性平均占比则要大于女性。对投资创业知识方面有需求的人群中，男性占比为57.7%，对专业知识方面有需求的人群中，男性占比为59.4%，对创意策划知识方面有需求的人群中，男性占比为60.1%。

消费性知识需求和生产性知识需求既有区别又有联系，很多时候并不能将二者完全割离开来。因为一个人生活在社会之中，既需要生产性知识来获取经济利益，也需要消费性知识来获取精神财富和享受健康生活。所以，二者都可以成为知识付费创业者的发展赛道。

四、亲近与新奇的"激素"差异

新奇性和亲近性，其实也是内容生产的底层逻辑。回归到我们的大脑，大脑决定了我们对什么样的内容产生什么样的反应。大脑想要获得愉悦的情绪，同时消除那些不悦的情绪起伏，于是我们做出各式各样的决定，去追求各式各样的内容。

这样的追求，不仅是一种想法，也是一种有科学研究证实的生理机制。我们都知道，人体内有着各种各样的激素，这些激素刺激着我们做出各种各样的行为。比如多巴胺这种激素，它可以勾起人的欲望，让人去"想要某件东西"。那么，回到我们的目的，我们想要用户喜欢订阅我们的内容，其实就是引发他们"想要某件东西"的冲动。所以顺着这个思路，我们继续深究多巴胺是如何产生的，或者说我们应该如何刺激用户多产生一些多巴胺呢？

有两种激素能够激发多巴胺的分泌，一个是"催产素"。催产素是非常重要的一种激素，女性分泌比较多。催产素让人互相照顾、寻求慰藉和同情，所以我们常常会认为女性比较具有同理心，社交能力也比较好。而且，这也跟人类的演化有关。

狩猎、采集是人类最早期的两种生产模式。女性主要负责采集，她们必须要拥有能够找到环境当中熟悉物品的能力。那些吃过很熟悉的、吃过觉得很好吃的、吃过之后没有让人生病的东西，必须要能快速地被辨识出来。这就是为什么人类会被易于亲近、熟悉的某些东西所吸引的原因。

而像宠物、家庭、亲子、情感、文艺、日常生活等内容，都能够让人产生亲近感，也更容易吸引女性。十点读书之所以能够成为以女性用户为主的大流量平台，也是这个原因。

另外一个关键的激素是"睾固酮"。睾固酮也叫睾丸素，是一种以男性为主的激素，会增加男性的敏感度，让他们比较具有探索动力、侵略性和好奇心。

人类早期，负责狩猎的大部分是男性，他们必须要去注意森林里的风吹草动，去注意哪些地方有危险，去注意在寻常的环境之下有什么不一样的事情，这样一来可以避免危险、保护族人，二来可以通过探索开发更多生存所需要的新资源。所以说，男性的大脑在生存本能下，也会自动地去追寻那些具有新奇感的内容。

例如知识付费的古早节目《罗辑思维》，不就是靠着强大的新奇性吸引第一批付费用户吗？虽然很多人在听主讲人罗振宇讲书后没几天就忘得一干二净，但在听的过程中却很享受。内容清晰生动，环环相扣，像一口丝滑的奶茶，仿佛可以从听觉神经直接进入你的大脑皮层，刺激睾丸素大量分泌。

所以，如果你的目标用户是男性的话，那么建议可以多产出一些具有新奇性的知识内容；反之，最好是多产出一些具有亲近性的知识内容。

> **链接**：庄子说："吾生也有涯，而知也无涯。以有涯随无涯，殆已！"这句话的意思是，人的生命是有限的，而知识是无限的，拿有限的生命去追求无限的知识，是必然失败的。所以，最好的学习不是追求成为一部百科全书，而是成为某个领域的专家。知识付费的提供者即使非常博学，也不能一味贪多求全，而是要根据自己和受众的定位，选择合适自己的知识内容赛道。

第二节 比较热门的知识门类

知识的海洋是无穷无尽的。在知识付费的疆域里，我们可以看到，不同专业人士在讲不同类别的知识，某个领域的专家在讲某个专业领域的内容，他们扎实的专业功底赢得了用户的信任，也让他们的知识最终化为了更多的财富。

一、商业财经，赋能创富

这是一个人人都想赚大钱、赚快钱的时代。作为拥有全球最大制造能力、互联网用户最多和消费最为旺盛的市场，中国拥有2700万家公司组织和8000万小微创业者，可以说对商业财经类知识的需求量极为庞大。所以商业财经类内容，从知识付费兴起到现在，一直都是热门赛道。比如得到专栏的《李翔知识内参》，上线之初因得到了商界大佬的认可而被业内广泛关注，上线3个月即创下了7万用户订阅、营收1400万元的纪录，被认为是知识付费的成功典范。

而且，各平台在付费内容的安排上，也都主推财经类内容。微信、微博成为传统财经内容进入的主要端口,比如秦朔朋友圈等都有自己的微信公众号,上面有着大量的粉丝。

财经类音频节目主要包括资讯类、课程类、有声书类、脱口秀类、商业评论类。其中资讯类主要是媒体机构分享国内外商业和企业的最新动态,如喜马拉雅平台的《36氪·商业情报局》《虎嗅·商业有味道》。课程类主要是财经专业人士为用户讲述进行系统规划过的系列课程,集数较多,如得到平台的《薛兆丰的经济学课》《刘润·五分钟商学院》。有声书类主要是垂直类音频平台将相关热门财经类书籍转译成音频供人们收听,如懒人听书平台的《给年轻人的极简金融课》《投资大白话》等。脱口秀类是以专业名人评论产业、公司及老百姓身边的话题为主,语言较为风趣幽默,比如《冬吴同学会》《齐俊杰看财经》等。评论类主要是有相关经验的财经大佬与用户分享自己的体会和见解,如《今日股市(王斌)》。

如此多的商业大佬在各大知识付费平台汇聚,自然使商业财经类节目众星拱月,熠熠生辉。因此,就连很多第三方机构也将"商业财经"作为他们主要的分析对象。

比如新知榜的付费知识排行榜的"商业财经"板块,Top10分别是《耶鲁大学陈志武教授的金融课》《薛兆丰的经济学课》《吴晓波马红漫领讲:新中产财富课》《周文强财富课:唤醒你的财商思维》《高瓴资本CEO张磊:价值》《张萌:预见财富7天训练营|解读2021赚钱风口》《清华韩秀云讲经济·第一季,宏观透视33讲》《梁宁·增长思维30讲》《何帆·宏观经济学30讲》《每天听见吴晓波·第四季》。

此外,一些大的商业财经类IP,也创办了自己的商学院。最典型的就是890新商学,从中我们也可以看到商业财经类知识的分类。

890新商学是由首席经济学家管清友、普华集团董事长曹国熊等20

名企高管、学界泰斗共同参与，通过走访企业、选题调研、讲师筛选、课程打磨、内容迭代等重重考量，匠心打磨设置的企业课程。

课程涵盖员工基础素养培育、新晋管理者转型、中高层领导力提升、销售铁军打造、品牌塑造与管理、人力资源、财务管理8大场景，打造领导力、洞察力、幸福力、职场力4大模块、22个子类、100余门精品线上课程体系，同时企业还可自选打造有针对性的学习课程体系，为企业培养高效管理、强力销售、规划决策、人才建设等"必杀技"，让每个员工都能找到最契合的课程，适用企业多样化培训需求场景。

同时，890新商学还提供覆盖服装、餐饮、银行、珠宝、家居、美业、保险、制造业、人力资源等9大垂直行业培训解决方案，打造精品实操课程。

二、职场提升，充电加油

相比于商业财经，职场提升类课程的受众面更广。毕竟大多数人都不具备创业的条件和资本，实实在在地帮助他们提升自己，实现升职加薪似乎更加现实。

职场提升包括"工作技能""学习认知""自我管理""习惯养成""社交沟通""思维训练"等多个维度，对于职场能力强、经验丰富的知识付费创业者来说，这是一条不错的赛道。

比如早期的秋叶PPT课程，从2013年11月11日的"双十一"购物节开始到12月19日，短短39天时间，标价99元的《和秋叶一起学PPT》视频课就销售破千，轻松实现总销售额过10万。这门课之所以能在付费条件还不充足的知识付费萌芽期获得好成绩，就在于他在职场中的实用性。秋叶说，他2009年才开始接触PPT制作，在此之前从来没有系统学习过相关知识，只是一个偶然的机会，他发现社会上有很多工作好几年、对

PPT操作还不熟练的职场人士。于是，他就萌生了要打造个人品牌，让一亿人知道什么叫好PPT的念头。就这样，靠着《和秋叶一起学PPT》这个爆款打下的基础，现在秋叶的团队已经有了100多人和十几条业务线。

在知识付费元年的2016年，也有一款职场提升类产品万众瞩目，那就是马东团队的《好好说话》。该节目从真实职场和生活案例出发，从沟通、说服、辩论、演说、谈判五个维度提供了一整套的话术技巧教学，既能帮助不会说话的人学会说话，也能使热爱说话、擅长沟通的人提高说话技巧和魅力。在喜马拉雅上线后，当天就带来了500万元的收入，迅速跃居付费内容的销量榜首。之后，马东团队又趁热打铁打造了《蔡康永的201堂情商课》《好好说话·2018精进技巧》《马东的职场B计划》等课程，这些都属于在学校没有教授过，走向社会、走向工作岗位又很实用的课程，市场潜在需求很大，整体来看，这些课程无论是收入还是播放量都非常不错。

其实，小团队也能翘起大杠杆。在2020年已经有人开始唱衰知识付费的时候，字节有趣在喜马拉雅上又打造出了《口才三绝 为人三会 修心三不》节目。该节目由众多大咖名人推荐，从口才说话、做人做事、修身养性等三个维度，用知识化、生活化和趣味化的内容，帮助听友解决各种为人处世的问题。仅仅一年多的时间，播放量就超过了四千万，并长期占据喜马拉雅职场畅销榜第一名。

2021年，字节有趣又推出了《口才三绝 为人三会 修心三不》的升级版《格局|你的格局决定人生结局》，从战略角度出发，教会听友如何从认知、思维、人际关系、个人自律等方面，提升自己的眼界、胸怀、气魄、修养等优秀品质，实现人生的大智慧、大境界和大格局。节目在喜马拉雅上线首月，就取得了日平均10万+播放量的好成绩。由此可见职场类节目的受欢迎程度之高。

三、科普百科，开阔眼界

科普，就是科学普及，它是一种社会教育，指的是利用各种传媒手段，以浅显的、通俗易懂的方式，让公众接受自然科学和人文社会科学知识，推广科学技术的应用，倡导科学方法、传播科学思想、弘扬科学精神的活动。所以，科普又可以分为自然科普和人文科普。

人文科普的内容是人文知识。人文知识是人类关于人文领域的基本知识，如历史知识、文学知识、政治知识、法律知识、艺术知识、哲学知识、宗教知识、道德知识等。这类知识相对比较抽象，但却可以提高一个人的人文素养和气质修养。目前，人文科普在知识付费领域多是以音频形式呈现。

2020年初，新知榜联合《三联生活周刊》，发布"人文之光·人文知识好课榜TOP100"第一季榜单。"新知榜"基于导师专业背景、网络影响力、课程性价比等17个维度，以对全网知识付费课程进行深度评测后的1908个知识付费课程为初选范围，筛选出评分在8.5以上的优秀人文社科类音频课程100个。其中包括《莫言陈思和领讲：中国文学大师课》《马未都〈国宝100〉》《河森堡：了不起的博物馆第二季》等，都取得了不俗的成绩。

自然科普，简单来说，就是对自然界的一些科学普及。其实，科学本身就诞生于人类对大自然的好奇心。要想激发更多人的好奇心，一方面内容要通俗易懂，不仅大人听得懂，小孩也要听得懂，毕竟儿童对自然科普的兴趣普遍大于人文科普；另一方面形式也要多种多样，比如微生物、化学等方面的内容，仅靠音频是很难让人明白是什么东西的，所以必须要有画面辅助，那么视频就是一个很好的载体。也因此，这种自然科普更适合视频平台。目前，做得最好的就是抖音平台。

据抖音发布《2021抖音自然科普内容数据报告》显示，过去一年抖音的自然科普类视频累计播放近330亿次，播放量同比增长144%，7亿人次为相关作品点赞，短视频成为自然科普内容的重要传播形式。

其中，动物、植物、地理、化学、物理成为网友最关注的自然科普领域，昆虫、微生物、海洋生物、气象、天文等细分垂类紧随其后。比如：骆驼吃仙人掌不怕扎嘴吗？人在太空中会不会马上冻僵？宇宙中含量最高的元素是什么？

兴趣是网友关注自然科普内容的主要原因之一。报告显示，在抖音网友最关注的5大山脉中，长白山力压世界最高峰珠穆朗玛峰；而在最受欢迎的动物中，狮子依旧是人们心中的"百兽之王"；在植物榜中，网友们最喜欢看与仙人掌相关的内容，这也许与它全身带刺，还被沙漠骆驼喜爱有关。

总之，世界之大，万事万物，无奇不有，这也是人们喜欢自然科普内容的原因。

四、儿童教育，放飞梦想

咱们中国有句老话："再苦不能苦孩子，再穷不能穷孩子。"随着孩子一天一天长大，很多父母的内心都开始逐渐焦虑，不知道如何引导和教育他，所以好的儿童知识付费产品，家长们还是很乐意付费的。

尤其是音频节目，其内容形式自带陪伴属性，无论孩子吃饭还是睡前都可以聆听，而且收听音频产品免去了家长对孩子影响视力的顾忌。对于不希望孩子过早接触手机、电脑等电子产品的家长来说，这种形式在使用场景和内容体验方面，都适合为孩子补充知识，自然也就成了他们除了阅读纸质书籍外的最好选择。

在付费方面，主打儿童音频市场的凯叔讲故事在2017年一年获得2

亿营收，这在行业内引发了广泛的讨论，各平台开始摩拳擦掌，跃跃欲试。2018年，喜马拉雅和蜻蜓FM都在内部结构的调整中，加大了对亲子内容的重视：前者成立了自己的亲子事务部；后者则把儿童音频业务拿出来做成了强授权、强考核的独立业务线。也是在2018年，樊登读书推出了樊登小读者APP，得到推出了少年得到APP。前者上线仅三天会员人数过万，不到半年时间注册用户已高达25万人；后者上线首日即收获4万用户，一年多的时间用户就突破了两百万。

儿童知识付费产品，包括儿童故事、亲子阅读、国学启蒙、英语启蒙、通识教育等方面内容，只要具有教育属性，能够潜移默化让孩子学到知识的都能纳入进来。

故事类的比如《凯叔西游记》，是在《西游记》原著的基础上将其改编成适合孩子听的有声产品，凯叔在写作、打样和录制上用了整整三年时间，写出了70多万字，在故事中融入人生哲理，与孩子进行深层次的人生观、价值观沟通，帮助孩子心智成长。至今已累计播放超过5亿次。

科普类的比如《凯叔·神奇图书馆》，它用脑洞大开的故事，带着孩子们进行上天入地的科学旅行，让孩子在一场场有趣好玩又贴近生活场景的冒险中学科学，满足孩子无尽的好奇心，增强对世界的探索。《凯叔·神奇图书馆》第一部带着孩子们进行了人体、宇宙、恐龙、植物、动物等领域的冒险，获得了10万孩子的喜爱，播放量达到6000多万次，后台留言22万多条。第二部又带着孩子们进行海陆空大冒险，让孩子在探险的过程中，了解海洋生物、陆地昆虫和天空飞鸟，让孩子仿佛身临其境地体验世界的奥妙。此节目至今累计播放量超过10亿次。

文化类的比如《凯叔·诗词来了》，历时3年打造，通过"诗词大剧院""诗词音乐厅""诗词脱口秀""诗词冒险岛"四大板块诠释了150首必读古诗词，让孩子放飞想象，走进诗人的世界，打开对诗歌语言和感情的通感，理解诗词，爱上诗词，感受中国语言的博大精深。即便是对孩子来说有些枯燥的诗词，播放量依然超过了1亿，可见儿童知识付费是一个多么庞大的市场。

> **链接：** 知识付费平台中的门类多种多样，除了以上四种之外，还有历史、音乐、体育、英语、健康养生，等等。对于知识付费内容生产者而言，不是最热门的知识领域就是最好的，关键是看自己是否喜欢、是否适合自己。如果你明明对某一知识门类不感兴趣，甚至从未接触过，就贸然地进入这一领域，其结果很可能适得其反。而只有自己喜欢的、适合的，你才会投入十分的热情，做出十分优异的成绩。

第三节　比较受欢迎的知识内容

在知识付费的范畴内，一切的知识主体都是以内容的形式存在，而无论是什么样的知识门类，都可以生产出不同形式的知识内容。这就像是以一颗土豆为原材料做一道食物，你既可以煮土豆、烤土豆，也可以将其做成土豆片、土豆丝，还可以将其做成薯片、薯条。对于商家来说，什么受欢迎就做成什么，知识付费也是同样的道理。下面咱们就介绍几种比较受欢迎的知识内容。

一、教学类，步骤清晰详细

教学类内容，是最常见的一类知识。在学校里，老师会把我们不懂的知识，分解成一个一个步骤为我们讲解清楚，这就是教学。现在的知识付费，就是把教学课堂搬到网络上。

如果你不知道自己的专业知识可以变成什么形式的内容，就可以采用教学方式,把你要讲解的内容,一步一步讲给你的粉丝听。如果你够专业,他们肯定会从头到尾地听下去。

比如你是一个健康睡眠达人,可以用医学、营养学、心理学等专业知识,从饮食习惯、卧室布置、灯光调整、气氛营造等方面,一步步地教粉丝如何改善自己的睡眠。

再比如你是一个美食博主,就可以每天分享自己的食谱,内容包含精准的材料比例、制作步骤、火候控制等,想要做菜的网友只要照着食谱一步步去做,也能做出差不多的食物。

教学类内容往往能够持续吸引粉丝,留住粉丝。一方面,当网友看到有人愿意把专业知识转化为教学文案或教学视频来分享时,大多会认为这个人是一个有理论、能实践的专家,所以才能把凌乱的知识点变成清晰可操作性的步骤。另一方面,教学内容在网络传播上不仅效果好,而且在打造个人品牌上更是非常关键,一个又一个优秀的教学类内容的输出,可以很快积累对你的专业领域感兴趣的粉丝,如果他们的具体操作有了成效,也会对你形成信任感和依赖感。

一些大的内容品牌或内容平台,也运用过类似的内容生产逻辑,并获得了成功。比如豆果美食,这是一家中国顶尖的美食内容平台,在其发展过程中,就率先对菜谱内容进行了结构化的处理,每个环节、每一步用到的主料和辅料都明确标出,成为沿用至今的经典格式:头图—说明—食材清单—制作步骤,极大优化了菜谱的观看体验。

所以,如果你所在知识赛道的内容也可以得到很好的执行,那么就可以把专业知识转化为具体的操作流程,变成图文或音视频,并告诉网友们,你的知识能解决什么样的实际问题,他们可以怎么去做,达到怎么样的效果等。

二、新知类，满足好奇心

所谓新知，指的是专门介绍某个领域最新动态的内容。通过新知类内容，就是要告诉大家，在我们熟悉的专业领域里，最近发现了什么？这个知识领域有哪些新的拓展？有哪些有趣的新东西？或是有哪些新的争议和讨论？

很多人都是喜新厌旧的，有非常强的好奇心，大家都对新的事物感兴趣。就像大家每天都看新闻，无论是时政新闻还是娱乐新闻，本质上都是想要获得自己还不知道的新事物，而且在社群时代，为了彰显自己的能力，为了获取更多的谈资，为了不让自己落后于时代，大家还想要比别人更快知道新事物。

这时候，如果你要做知识付费，就想一想，你所在领域里有没有新出现的研究？新发展的论点？新发现的现象？你就可以生产这些内容，对新信息进行归纳总结，最后输出给用户，这样做除了可以给用户提供信息外，还能使他们形成对我们的信任感和依赖感。在未来的某一天，用户想要获得这个领域的某个相关信息时，脑海里第一时间便会浮现出你的名字。

另外，还有很关键的一点——新知类的内容，尤其是正在某个风口之上的新知，如果你能快速地生产输出相关内容，并且能够保证其中的质量，那么就很容易变现，而且是超级变现。

比如元宇宙兴起的时候，国内外互联网巨头纷纷入局，Facebook更名Meta，专注于元宇宙生态；字节、百度、腾讯等企业参与元宇宙底层技术搭建。很多公司都通过元宇宙概念镀金，股价大涨，有公司甚至涨了300%。与此同时，元宇宙相关的知识付费课程也火了。不少UP主（上传者，指在视频网站、论坛、FTP站点上传视频音频文件的人）快速推出了元宇宙科普视频，相关网络课程纷纷上线，而元宇宙相关书籍在电商平台也取得了不错的销售成绩。

当时的一张网传截图显示，网课《元宇宙第一课》日新增用户370人，日活跃用户上千人，累计用户7292人，累计付费用户2673人；日收入超9万元，累计收入高达150万元。

在得到APP上，一门名为《前沿课·元宇宙6讲》的课程价格为29.9元。2021年10月20日上线，截至11月16日上午，该课程已有45500人加入学习，课程收入有一百多万。

这些都充分证明了用户们对于新知内容的喜爱。不过，新知内容不能只玩概念，既要在内容里包含大量的干货知识，又要使内容深入浅出，使用户能更好地吸收和消化，这对创作者也提出了挑战。

三、翻案类，颠覆固有认知

翻案，指的是推翻大众关于某个知识的传统认知，大家一直以为是这样的，其实是那样的，告诉用户完全不一样的真相。

在网络上，用户很容易被这样的内容吸引，一方面他们会觉得惊奇，产生"原来这个事情不是我们想象的那样"的想法；一方面当她们知道真相后，很可能会第一时间分享出去，这就好像在给朋友炫耀一件独一无二的宝贝一样：快看看这个只有我知道的真相。

这是一个非常强大的心理诱因，如果你经常创作这样的翻案内容，就会让用户觉得，这个作者是一个思想独立，非常有想法、有意思的人，关注他的内容不仅能够提升认知，还能使自己和朋友家人了解真相，不再受骗。

网上很多的翻案类内容，集中在人文社科类知识领域，而且形式和内容都能给人带来一种耳目一新的感觉，因此获得了很高的转发量。

比如百度知道匿名网友的翻案文《李白——真的〈安能摧眉折腰事权贵〉》的原文是这样的：

> 从小，读到这句诗，我一直都觉李白是个绝不肯向权贵低头的傲骨诗人。但是，最近忽然发现，这句话有点问题。安能摧眉折腰事权贵？这反而表示在李白的心目中，事权贵是必须摧眉折腰的。在李白的心目中，是没有魏征那种专门挑皇上刺儿的诤臣的。所以呢，李白这种人，一旦事权贵，那就难免会摧眉折腰。有诗为证，李白也当过官儿，当官期间，也写过诗。平生有不少好诗，但当官的时候也有"云想衣裳花想容"那种拍杨贵妃马屁的诗。可见诗人一旦当了官，果然还是要摧眉折腰的。但是，诗人可能真的天生傲骨吧，毕竟还是很不习惯的，所以短暂为官，旋即罢官而去。原因自然是自己的摧眉折腰很不爽吧！

这篇翻案文用有理有据的说辞，颠覆了诗仙李白在人们眼中不事权贵的洒脱形象，也让人们看到了一个跟我们普通人一样、更像更真实的李白。而这样的文章只要一面世，总能牢牢地吸引网友的眼睛和朋友圈里的转发。

所以，你可以在自己的专业知识领域里找找看，有没有大家常常误会的历史人物和故事，或者是生活常识、科学知识等。很多人可能搞错的事情，你就可以把这些错误认知，或者谣言、误传当作你的选题，用你的专业知识去翻转他，点破谣言，讲出真正的值得分享的知识。

四、热点类，吸引注意力

热点，指的是受到大众关注和欢迎的新闻、信息和事情。所以，创作热点类内容，能够最大限度吸引用户的注意力。

热点是不断重复的，社会上每时每刻都在发生着各种各样的事情，总有新的热点会出现。也因此，我们总有新的选题可用。而且，热点类内容也是迎合各大平台智能算法推荐机制的必然选择。那些讲解热点事件，或者和热点巧妙结合的内容，更容易得到平台的流量支持。

热点类内容主要包括两种：

一种是社会热点类内容，如流行文化、重要节假日、名人事件等。流行文化，包括流行的音乐、游戏、综艺、电影等，只要你认为目标用户感兴趣、会讨论的东西，都算是流行文化。你可以从中寻找相关的热点，加以提炼整合，吸引用户来看你的内容。

比如字节有趣在喜马拉雅FM推出的职场类节目《口才三绝 为人三会 修心三不》，就非常善于捕捉热点影视剧、综艺等，将《平凡的荣耀》《三十而已》《初入职场的我们》等影视剧相关元素充分融入音频内容之中，成功吸引了粉丝们的注意力。

再比如节庆热点，既包括春节、中秋节、端午节等传统节日，也包括愚人节、教师节、光棍节等新兴节日。这些节庆有一个特点，就是会重复地、周期性地定期发生，让你预先准备。每当这些节日即将来临之际，大众的目光都会不由自主地向之倾斜，这时你就可以将你的专业内容与之结合。比如你是母婴营养博主，就可以以传统节日的美食为切入点，把母婴营养知识融入其中，让用户为你的知识折服。

还有名人热点，这里讲的名人，是指那些吸引大众目光的人，只要他们的名字一出现，就能立马成为网络焦点，吸引网友们的疯狂点击。比如一些明星、网红、商人、科学家等，在标题和内容里加上他们的名字和故事，就是乘上了流量的高铁，假如你的内容里有非常劲爆的点，或者在标题直接写上"给某某某的一封公开信""某某某，你错了"，那么就等于搭上了流量的火箭，网友们十有八九都会点击进来看看。不过，要注意的是，内容一定要入情入理，不能引起网友们的反感，万不可一味地哗众取宠。

另一种是平台热点类内容，指的是各平台的热门活动，包括创作活动、热门计划、热门挑战赛、热门视频等。

比如头条号的"创作活动"专区，这是一个专门的板块，可以查看平台最新的创作活动，里面包含文史、职场、科技、健康、教育等话题类型，可以看到活动的简介、奖金以及参与人数，方便创作者的自由选择。参与活动后，平台会根据发文数、阅读量、互动量以及质量综合考量，在开奖日公布获奖作者。

再比如抖音2021年推出的"萌知计划"，扶持青少年文化教育内容，全年投入百亿流量。针对六个分会场的创作者进行周期性评选和奖励，包含学前启蒙、科普知识、绘本儿歌、安全教育、兴趣才艺、国学诗词类别，优秀创作者还将获得DOU+奖励。

所以，对于知识博主来说，参加热门活动，创作热门知识，既能获得短期利益，又有助于自身的长远发展。

五、长效类，永不过时

爱因斯坦在《给国际知识界和平大会的贺信》中写道："昨天的陈词滥调，今日不再有用，明天无疑地更将是无可挽回地过时了。"这说明时代在进步，知识在更新，有的知识昙花一现，还有的知识被时间检验为错误的知识。

比如新闻，有一句新闻界的名言："昨天的新闻，就是今天的历史；今天的新闻，就是明天的历史。"说的就是新闻的时效性，或者说"短效性"。还有一些流行类的东西，比如有的节目里有大量的网络流行语、网络段子等，也很容易过时。

那么，什么是长效类知识呢？这要从两个维度来解释。

一种是经过了历史的沉淀和岁月的考验的知识，比如古典名著、世界名著等。名著是人类文化的精华，里面有对文化以及人性的深度思考，而文化和人性是不容易改变的，对每个时代的人都有参考价值和教育意义。例如《论语》《道德经》《三国演义》等，由于这些书具有长效性，所以对它们进行解读的知识类节目，也自然不容易过时。

另一种是可以提高社会生存能力的长效类知识。可以分为三类：

第一类，提高思维能力的知识。思维能力包括理解力、分析力、综合力、比较力、概括力、抽象力、推理力、论证力、判断力等能力。随着科技的发展，人们在遇到问题时，开始慢慢地依赖机器和搜索引擎，很多工作岗位也被人工智能所替代。但是，有一些工作岗位机器人还不能完全胜任，比如写作、设计等，都是人工智能做不到、做不好的，因为这些工作岗位需要深度思维能力。所以在未来，为了让自己不被时代淘汰，提高思维能力的知识将会经常出现在知识消费者的"餐桌"上。

第二类，情商类知识。情商是人跟人打交道的能力，与人沟通的能力，感受别人喜怒哀乐的能力。一个人只要生活在这个世界上，无论到哪你都需要跟人打交道。如果你现在还是容易情绪化，一点就炸，不具备理解人家说话含义的能力，那无论是你的经济收入、生活状况，还是开心指数都是很低的。所以，这类内容还是能长盛不衰的。

第三，品德修养类知识。正确的人生观、价值观、世界观，是一个人的立身之本。如果一个人能始终保持良好的品德修养，严于律己，那么他在生活中就会显得豁达，就不会与人产生太大的矛盾。从某种角度来说，品德修养类知识提高了人们的抗风险能力，为自己的人生避免了许多麻烦，使生活、事业和人际关系的"地基"越来越稳。而这样的知识放在任何一个时代都是不可或缺的。

总之，具备思维能力、高情商和良好品德，这是一个人要在社会上更好生存不可或缺的。缺乏思维能力，我们做不成事情；缺乏情商，我们处理不好人际关系；缺乏品德，我们则容易走向自我毁灭。无论在哪朝哪代，处于什么样的社会环境，这三样都是我们身上的"硬本事"。

讲到这里，我们对知识的分类，以及如何甄选付费知识类别与内容都有了一定的了解。那么话说回来，这些不同类型的知识内容又是如何生产，通过怎样的载体与形式实现付费的呢？

链接：立足于一本书、一个专业、一个知识领域，如果你能做出新奇有趣、实用有效、简洁精准的分析和总结，这样的内容就值得付费，用户也会很乐意买单。而如果形式大于内容，或者在里面掺一些水分，东拼西凑，胡说八道，那么这样的内容很快就会被放弃。

优质知识付费文章创作技法拆解

付费文章自古有之,汉代大才子司马相如的《子虚赋》《上林赋》,唐代大诗人李白的《清平调·云想衣裳花想容》,都曾受到皇帝的青睐,并因此而受到赏赐,可以算作是中国古代付费文章的典范。如今,文字创作者要想在免费文章铺天盖地的网络上实现付费,就要掌握付费爆文的基本创作原理:既要标题足够吸引人,也要内容环环紧扣、引人入胜,从生理和心理两个方面抓住人、影响人,促进文章在更大的范围内传播。

2020年1月15日，微信团队悄然向部分用户发送邀请，开始对微信订阅号付费功能进行灰度测试，开启了内容付费的新时代。这个马化腾等了三年的功能上线后，一度在公众号运营者之间炸开了锅，有的头部大号一篇定价1元的付费文章就有超过5万人付费。这也让更多辛苦码字的自媒体人在短视频横行时代，看到了写作的希望。

第一节　如何写好标题：抓住文眼，统帅全文

好标题是文章的眼睛，好文章应该是"好标题+优质内容"组合起来的。在这个信息爆炸且极度碎片化的网络时代，一篇与知识有关的文章的标题命名是否妥当，直接决定了这篇文章的流量大小。

一、吸睛标题的N种写法

要写好标题，必须要充分了解目标读者，他们心里想什么，需要什么，最容易被什么样的文字、数字、句子，甚至是标题符号所吸引，这样才能把标题写到他们的心里去，收获他们的点击和付费。接下来我们就介绍几种。

1. 在标题末尾使用省略号或"悬念＋利益引诱"

在标题末尾使用省略号，表示意思未尽，等于给读者设置了一个悬念，让他们有了更多的想象空间。例如：

《最近我在读1本书，思考了5个问题……》

《你最大的问题不是迷茫，而是……》

读者看到这两个题目，就会在心里想，作者特意用省略号表明的那5个问题到底是什么？最大的问题不是迷茫又是什么？然后他可能就会忍不住地想探究，点开这个题目。

另外，除了省略号以外，想要达到悬疑效果，还可以在标题中体现出利益引诱，使用户渴望看完文章后获得价值。毕竟无利不起早，读者点击你的文章就是为了获取有价值的信息。例如：

《长相中等的姑娘如何进阶到"美"？》

《男人会不会出轨，看这两点》

2. 具有目标指向性

目标指向性，是指在标题中直接向目标用户喊话，你只要喊得准确，他们就会不由自主地将自己代入其中，情不自禁地去点击查看作者怎么解决正困扰自己的这个问题。这样你就一下子站到了读者的立场，跟他一道去解决问题。例如：

《那些整天熬夜加班的人注意了》

《写给那些被失恋困扰了很久的人》

《致那些正在默默减肥的人》

你看，这三个标题指向了熬夜加班、失恋、减肥这三类人，如果他们正饱受这些问题的困扰，十有八九会马上点开眼前的文章。

3. 灵活运用具体数据

这种方法，是在题目中加入具象化的数据，不仅可以给读者更直观、更量化的感受，还能带给人很权威、很专业的感觉，增加了可信度。例如：

《草根创业秘诀：如何在3月内单月出货10万元》

《连续做出10w+爆文后，他总结出这3条写作经验》

《3岁上小学，12岁拿到15家美国大学offer，这样的孩子是如何培养的》

你看，具象化的标题就是这么简单粗暴，它用强有力的数据帮助读者掌握各种信息，如果这些具体数据触动了他们，立即点击是必然的结果。另外，数据尽量用阿拉伯数字的形式，因为阿拉伯数字比汉字更为一目了然。

4. 巧用对比，制造反差

这类标题是为了突出某一主旨，利用强烈的对比，让读者清晰地看到正反、好坏，从而制造出一种显著的反差效果，简单明了又切中要害，立马就能让读者了解文章要表达的意图。例如：

《月薪3000与月薪30000的文案区别》

《受青睐的简历和让人没耐心看下去的简历》

《生理期用这10件小物，比红糖水管用100倍》

对比和反差越大，读者的兴趣就越大。如果读者看完文章后，发现和自己想的或用的一样，那么肯定会进行转发分享或评论。

5. 挑战常识，逆向思维

这种命题方式不按常理出牌，冲破了读者一贯的思维定式，另辟蹊径带给读者意料之外的结果，有些甚至可以称得上惊世骇俗，从而激发了他们的阅读兴趣。例如：

《盼望着，盼望着，老母亲终于去世了》

《我的意中人是个神经病》

《倒霉的女孩，运气都不会太差》

你看，这几个题目都很有意思，最重要的是给读者带来了认知冲击，对于这种看似违背常理的标题，谁不想点进去，一探内容的究竟呢？

6. 感同身受，引发共鸣

感同身受的目的是跟读者站在同样的立场上去看问题，作者要表达的主旨就是我们可能有共同的经历，我写的内容可能也是你正经历着的事情，文章可能击中你的痛点，与你发生情感共鸣，所以你会觉得很有

必要点进来看看。例如:

《为什么你铺天盖地地打广告,顾客却无动于衷?》

《我用了2个月,做死了6次热点营销》

《文案这行的辛酸,走过的路都是泪》

其实,每个行业、每类人都有各自不同的经历,这些经历形成情感储藏在心里,如果你能用标题引起读者内心深处的情感共鸣,那么读者会自发地进行转发评论和打赏。

二、写标题的注意事项

标题是文章的门面,要想开门迎客,生意兴隆,不但要写好,还要写得合适,既能通过平台的审核,又能获得平台更多的推荐量。所以,标题的注意事项很有必要了解一下。

1. 忌做标题党

一个好标题能引来一片惊叹,一个坏标题也能引来一片骂声。如今,网络上充斥着各种各样的标题党,部分标题党危言耸听,跟内容丝毫无关,浪费读者的流量和注意力。近两年,UC、今日头条、网易等各大自媒体平台陆续出台了打击标题党的严厉处罚措施,包括秘密、真相、揭秘、万万没想到等词语都逐渐被各大网络平台屏蔽,尤其是令人产生恐慌的"震惊体",更是被人人喊打。所以,我们拟标题时必须心中有数,拒绝"文不对题"的标题党。

2. 利用好关键词

自媒体平台的算法机制,会通过标题中的关键词,把文章自动匹配推荐给浏览者。所以,文章推荐量的高低与标题的关键词好坏息息相关。

创作者一定要学会利用好关键词。

首先，标题中少用没有实际意义、不能明确内容的虚词，比如的、地、得就是虚词。要多用实词，比如城市、人群、花草之类有特定称呼的词。这样可以更好地吸引用户的注意力，有利于机器抓取关键词，使文章获得推荐。

其次，标题中避免使用网络用语或简称，例如："虾米（什么）""介样（这样）""酱紫（这样子）"。

然后，标题中还要避免使用生僻词、英文。跟网络用语一样，它们都不利于机器识别。例如：

《培养BB专注力，这些事你可别做》这个标题中使用了"BABY"的缩写"BB"，机器无法识别，搜索不到关键词，自然也无法获得精准推荐。

3. 标题不能太短

自媒体平台的机器不喜欢单段标题，喜欢字数更长的两段式或者三段式标题，往往会给这些标题更高的推荐量，这也使作者们可以把标题写得更加完善。

现在微信公众号允许的标题字数为64个，大鱼号允许标题字数达到50个，百家号为40个，头条号为30个，网易号27个。

标题越写越长是一种"信息前置"的现象，原因在于信息爆炸导致注意力资源愈发稀缺。与其羞羞答答、被动地等读者打开，不如直接把信息展示在入口上，让人一看便知。

4. 根据平台起标题

不同的自媒体平台，有不同的风格和属性，对标题要求也各有不同。

比如微信公众号和头条号就有很大区别。公众号文章虽然也需要吸引读者点开阅读，但它的目标用户是已经关注的粉丝，标题的作用相对较小。而头条号的目标用户很多都是没有关注的人，所以标题以及标题中的关键词就显得非常重要了。

例如以某公众号大V一篇热文为例，文章标题是《不懂年轻人不可怕，可怕的是你还相信这句话》。这篇文章的微信公众号阅读量超过10万，而在今日头条却只有3851的阅读量。其原因就在于缺少关键词，造成头条系统无法精准推荐；又或者推荐了，但因为缺少具体的语境或悬念，所以无法吸引人点开阅读。

由此可见，即使是同一篇文章，在多平台分发时，我们在不同的平台拟定相应风格的标题，这样才能起到相应的效果。

> **链接**：在知识付费的大环境下，写标题绝对是一项技术活，写不好，写得不出彩，都会直接影响文章的阅读量。而要起一个既令机器"喜欢"，又让读者惊艳的标题，必须让文章的关键词与网友的利益点息息相关。此外，标题还要有趣、有料、有长度，足够吸引网友的目光，从而提高内容的点击率。

第二节　科普文章写作：心中有数，步步为营

网络上付费文章的门类多种多样，这里我们以科普文章为例。科普文章就是把已有的科学知识、科学方法，以及融于其中的科学思想和精神，通过文字的方式表达出来，而使之成为读者能理解的文章。下面我们来看一看，要想输出既有专业知识，又有爆红因子的文章，都需要遵守哪些方法。

一、考虑热点和场景

对一篇科普文来说，热点和场景构成了"爆红元素"的关键。

单纯的科普可能会有些枯燥，也很难吸引到读者，通过将热点镶嵌到专业内容、题目中，就可以吸引到读者的注意力，使其对这篇文章更感兴趣。其原理我们在第二章第三节的"热点类内容"中讲过，这里不再展开来讲。

接着我们重点来说场景。场景就是要让读者能够进入一个故事的时空。大家都知道，童话故事的开头大都是"很久很久以前，在一个遥远的国度，有一个国王……"为什么要用这样的讲法呢？其实非常简单，就是希望读者能够进入一个可以想象的、熟悉的空间。

写文章亦是如此，有一个生动鲜活的场景，更容易将读者代入进去。举个例子，假如你的受众群体是中年职场人，就要想象"他生活中最重要的场景"是什么？可能是陪孩子，可能是上班很忙，下班很累，可能是节假日待在家里，不知道要带孩子去哪里。这些"场景"，就是他们的目光焦点，看到这些场景，他们觉得熟悉，能够感同身受。所以，在写作中，你就可以在文章的一开头写这些场景，吸引他们的注意力。

比如在文章的一开头，就跟大家说"当我们来到一家餐厅，看着菜单上琳琅满目的菜肴，你会怎么选择呢？"这其实就是一个简单的场景。而这样的一个场景，许多专业的创作者都可以利用。

心理学作者可以利用这个上班族很熟悉的餐厅场景，吸引他们去面对自己的选择焦虑；财经作者可以通过餐厅点菜的场景，从经济学角度解释如何去做判断和定价；生物学作者可以从菜单来讲一讲食客的生理反应，进而谈论美食对人的科学影响。

总之，我们可以从不同角度去切入场景。只要发挥想象力，你几乎可以从任何场景中找到其与自己的专业之间的联结。

二、思考"为什么"

"为什么"就是我们必须在文章中解决读者为什么要读下去的问题。

可能你利用了热点，又设计了可以想象的、熟悉的场景，但是接下来如果你所展现的知识内容不能吸引读者，那么这篇文章只能是"雷声大，雨点小"，起不到什么效果。所以，必须通过"为什么"抓住一篇文章的问题，让读者明确知道这篇文章是他需要的，对他的工作和生活有用，他必须要将它看完。

拿科普畅销书《十万个为什么》举例，里面每一篇文章都很明确地解答了一个问题。对这个问题感兴趣、有需要的人，就会想要将这篇文章看完，因为解决问题是有成就感的，是对他们有帮助的。

所以，我们在写作时，也可以通过用"为什么+场景"来开头，写出这篇文章的第一段，让读者知道，也让自己明确，这篇文章最核心的问题是什么，我们要帮读者解决什么样的问题。

具体实践中，如果你发现在写"为什么"这个句子时，写得很不通顺，或写得很长，很有可能是你的问题还不够清楚，也可能是你把太多的问题写进了文章中。这会加重读者的认知负担，或者导致他们看不懂你的文章。

这时候，有两个方案可以解决。一是可以把"为什么"拆开，分成很多篇文章来写，每一篇文章都单纯地解决一个最核心的"为什么"；二是如果你不想拆开，这时候可以先找到这篇文章中最大、最终极的问题，之后再考虑用其他的小标题来铺陈每一个延伸的"为什么"，通过对一个一个问题逐点解答，最终解决那个最大的问题。

三、解释"谁发明的"

因为是科普文章，所以要有知识点。那么问题来了，是谁发明这个知识？是谁做了这个事情？只有解决了这个"谁"，才能让读者信任你的说法。

这个谁，有可能是历史上或是现今的专业人士。例如，科学、化学、医疗等领域的专家，他们的创新成果是如何产生的，也是读者十分关心的。我们可以在文章里加入一段，介绍这个专业知识背后的那个人，或者那一群人。而为了进一步增进读者的信任感，还必须要让这些专业人士的名字和他们的工作单位，甚至是他们过去所做过的事，在文章中清楚地呈现出来。

比如你在文章中只写了美国的某某人发明了某某事物，这样的话就过于简单，读者可能会质疑，他有什么资格？所以，正确的写法应该是，美国某某大学某某专业的某某教授，在某某专业期刊上发表了某某文章，这篇文章大概都讲了什么，又获得了谁的肯定，等等。这样你在文章中提到的观点或知识点，就更容易让读者信服，进一步增强你在读者心中的专业性。

四、介绍"怎么做到的"

怎么做到的？就是这个知识到底是怎么创造、发现或推演出来的？这是很重要的，也是很多科普文章容易忽略的一点。

之所以忽略，是因为一个专业知识探索的过程，通常是比较繁复的，大部分的作者会在这个部分做很多的省略，甚至不讲，然后直接告诉读者结论，比如"过去某个科学家发现了什么、现今科学家知道了什么……"但是我们却很少跟读者好好地沟通：为什么会发现这个东西呢？发现跟发明的过程是怎样的呢？

说清楚这一部分，既可以更进一步强化读者对这篇文章的信任感，也能强化读者对作者个人知识品牌的信任感。另外，通过"知识探索过程"这一部分，也能够在一定程度上提升读者的思维能力，使读者收获满满。

五、给出结果与展望

通过前面四个部分，我们已经大致上掌握了一篇科普文章基本的样貌，现在就要写到结论了。

写过论文的朋友都知道，结论一般分为结果和展望。

先说结果，在文章中我们不应该只是介绍了知识就结束，还要告诉大家，这些专家通过这些专业方法，在回答了某个问题之后，他们最后得到了什么研究成果。并且，我们还必须正确传达研究成果的可能性。

什么是可能性？许多科学研究或是专业知识，它们的发现其实来自一个实验室的环境之下，或者是在某个概率之下，也就是说这个事情并不一定会出现，并非百分之百会发生。所以，我们还必须要适当地让我们的读者知道，这个研究成果只是提供了一种可能性。

假设一下，今天我看见一个研究消息说吃什么食品可以抗癌，真正的实验结果可能告诉我们的只是多摄取这些食品里的某种元素，在某个受控制的实验环境之下，在某个实验动物的身上，我们观察到它的肿瘤缩小了。但是很多时候，在一些不够扎实、不够精确的科学报道当中，就会变成直接下结论，说吃什么可以治疗痛症，吃什么可以不发胖，或吃什么就可以让你长命百岁。

这样武断的结论，通常会引起争议，降低读者的信任感，这也是造成许多人对专家越来越不信任的原因。所以，科普作者向读者正确传达可能性是非常重要的。当我们学会正确传达可能性时，你会发现，虽然没有确定的结论，但读者反而对你的信任感提高了，对你经营个人知识品牌反而更有帮助。

接下来说展望。延续前面那个假设的抗癌研究，虽然我刚才说的这个研究结果只是一种可能性，但读者还是会想要了解这个知识与成果到底可以用来做什么？毕竟，大多数的人，并不是你这个专业知识领域的人，他们获得这个知识并不是为了投入专业研究，而是希望可以应用在生活中。所以，我们要给大家合理的、与其有关的未来展望，告诉大家，获取这个知识之后，可以用来做什么？科学家或专业人士建议我们可以怎么样去改变目前生活？

不过，在展望的时候还是不能过于斩钉截铁，以免被专业读者质疑。

六、使其充分"感受"

经常写文章的人都知道，将情感融入文章中，往往能激发读者的下一步行动。这里所谓的行动，不只是读者去采取改变的行动，还包含让读者愿意分享、传播文章的行动。

所以，即使是科普类的文章，也需要包含主观的感受，通过内容影响读者，刺激读者，给他带来一些改变，引发他们做出行动。

那么读者会因为哪些情绪而做出行动呢？

可能是他感到兴奋、快乐、热情，或是感到生气、愤怒，这些情绪是支撑读者进行下一步行动的关键。所以，感受是非常重要的。

那感受到底要怎么铺陈呢？其实，我们文章一开始设定的热点，就是在引发读者的感受。接着，我们开始设定场景，就是带读者进入一个时空，也就是在为感受创造一种氛围。最后到我们行文的过程，其实所有的用字遣词都在传达出一种感受。我们要让读者知道：谁创造了这样的一个知识,为什么这个人要这样做?背后有什么样的热情与动机?而我们写这样的一篇科普文章,是希望解决读者怎样的核心问题?

另外,我们还可以主动鼓励读者点赞、收藏或分享这篇文章到朋友圈;也可以向读者提出一些有趣的延伸问题,请他们响应;还可以扣住文章主题,用激问或反问的方式,促使读者讲出心中的感受。

七、列出参考数据与图片影音

参考数据和图片影音并不是一个必须项,但却是一个加分项。

先说参考数据,它是让读者决定你这篇文章到底值不值得相信的最后一个关键。

大部分的网络文章不会列出参考数据,但一些比较高阶或更有学习动力的读者,他可能就会想要了解这些数据的出处,了解原始的资料到底是怎么说的,这篇文章有没有错误,所以我们就要给他们提供文章里的引用出处,赢得他们的信任,他们也很有可能帮我们传播,帮我们扩大影响力。

列出参考数据通常有两种方式:第一种方式是以超链接的方式显示数据,在各个段落和句子中直接写明出处,并在出处上面插入超链接,感兴趣的人只需点击超链接即可查看数据;第二种方式,就是把所有的参考数据都列在文章的末段之后,让有兴趣的人在看完文章之后,可以自己再去查看数据,进一步了解更多。

接着咱们来说图文以及其他的多媒体。因为我们的科普文章通常是以网络进行传播,所以要适应网友的阅读习惯。在一篇科普文中,文字本身是最复杂的部分,需要读者花很多时间去理解,通过插入语音、图片或视频,既可以起到使文字便于理解的作用,也可以让读者放松,以及持续地吸引读者的注意力。比如,每三四百字左右插入与内容相关的图片，让大家的认知负荷能够稍微减轻，舒缓认知疲乏。

> **链接：**科普写作从来不是科学家、心理学家、医生等专业人士的专利，因为科研论文和科普文章是两码事。科研论文的读者是行业内外有一定专业素养的人，科普文章面对的可能是对专业内容一无所知的门外汉，所以科普文章既要有专业性，又要有可读性。普通作者只要对科普感兴趣，愿意去钻研，掌握好创作方法，同样可以写好科普文章。

第三节 爆文套路的科学解析

上面我们讲了科普文章的写作方法，这里我们再从科学的角度，分析一下有些文章火爆的原因。

一、冲突与反转

优秀的爆款文章总是善于制造冲突，渲染冲突，利用冲突激发人们的情绪，然后一步步展开解决冲突的方案，最后给人一种豁然开朗的畅快感，并随之付出行动。

比如在一篇文章中，写打工人在职场上的各种不容易，各种现实与理想之间的冲突，想赚大钱却没能力、没人脉，想家庭和睦却又与老婆孩子性格冲突，这样扎心的内容肯定能激发人们的情绪，然后我们再展开描写解决这些问题的方案，使读者有一种恍然大悟的感觉，最后做出改变自己的行动。

那么，科学是如何解释这种阅读文章的神奇过程和效果的呢？

20世纪60年代，美国科学家Paul MacLean提出一种理论，人的大脑由三层构成：表皮层负责语言和逻辑，中间层负责情绪，本能层直接触发行为。为什么很多人看了很多类似"少壮不努力，老大徒伤悲"这样积极向上的格言，但仍然没有努力地行动呢？因为干巴巴的格言并不能激发他的情绪，也就无法通过大脑的中间层传递到能触发行动的大脑本能层。

也正是因为冲突容易激发情绪，情绪容易触发行动，所以我们写文章时要善于渲染冲突，利用冲突，甚至制造冲突。但是话说回来，大脑也没有那么容易搞定。否则，每个人多看几篇优秀的励志文章，就都能成为成功人士了。

实际上，为了避免过于频繁的触发行为引起混乱，人类的大脑进化出了一套被称为"预期管理"的缓冲机制，有了这套机制之后，就不是任何情绪都会马上被传递，只有突破预期阈值的情绪才会被传递到本能层，并触发行为。

道理很简单，比如一个读者鸡汤文、励志文看得多了，大脑往往会产生免疫力，就不会像以前那样情绪激动了，更不会马上去采取改变自己的行动。

鉴于这样的大脑和心理机制，高手们在写作的时候，会充分利用这样一种技巧——反转，也即创造一种完全出乎意料的场景，瞬间打破人们的心理预期，让情绪立刻传到本能层并触发行为。

比如在一篇文章中，你写了很多年轻人现实与理想的矛盾冲突，又写了很多个人提升的方法，还举了很多生动的例子，但是因为读者大脑中形成了预期管理机制，这些内容无法真正触动他的情绪。

这个时候，你可以突然来一个反转，说年轻人也可以躺平，并给他们找一些理由。当然，这些理由不是真正让他们躺平，而是缓解他们的压力，抚慰他们的心灵，让他们放松警惕。

最后，你再去发出令人深省的反问：难道你想躺平就真的能躺平吗？实际上，大多数年轻人说躺平也只是说说而已，根本就做不到，大多数人的意识里还是会把努力奋斗作为主旋律。而当你有了这一层或两层的反转时，读者的情绪已经被你充分地调动起来，他们改变自己的行动很可能也会随之而来。

二、营造画面感

文章为什么需要画面感？

英国社会学家斯宾塞是这样回答的：作者要懂得为读者节省脑力，同时人的人脑天生就比较容易记住生动的画面，能形象就尽量不要抽象，以此来体现画面感。

而且在人脑的进化中，图像识别和空间感知是生存之道，它比较容易让人产生情绪并立刻触发行为。

比如，比起"我希望追求平等，减少种族歧视"，"我梦想有一天，在佐治亚的红山上，昔日奴隶的儿子将能够和昔日奴隶主的儿子坐在一起，共叙兄弟情谊"这样的表达会更有感染力。因为后一种文字表达更有画面感，使冲突更加形象生动，从而触动人们的情绪。

人的大脑中，控制语言思维、逻辑思维和抽象思维的神经元都处于表皮层，有时候你能感知对方的情绪，却无法用语言表达清楚。因此，让表达呈现立体的画面感，无论对于读者的阅读还是作者的写作，都有很大的帮助。

比如我们要在一篇文章中，透过城市角落的变迁、时代生活的侧影和个人命运的沉浮，营造出波澜壮阔的立体时代画面，这时我们的大脑可以想象一组镜头：

从云端俯视的镜头首先框住的是夜幕下被红色尾灯塞满的高架桥，

以及桥两侧正拔地而起的高楼和灯火通明的大厦；随后，镜头聚焦于大桥下将被拆迁的小店里一群举杯相庆、憧憬未来的少年——他们脸上洋溢的乐观和对未来充满琥珀色的美好憧憬正是这座城市生生不息的燃料。就在不远处，一群正在抽烟的人席地而坐，目光呆滞地看着彼此，对于工地之外的整座城市，他们都毫无感知……

当你的大脑有了这样的画面感，文字和句子就会生动形象，画面感跃然纸上。而读者阅读之后，也容易引发共情，迫不及待地想要看看后面的内容。

三、设计三段式结构

不知道你有没有发现，无论是演讲、广告还是文章，我们看到的很多优秀内容，大多数是三段结构。

比如气势如虹的排比句，一般都是连续三句——两句显得底气不足，四句又显得拖泥带水，三句刚刚好。这是一种结构性的力量，与大脑中某种潜意识的偏好恰好契合。

按照这一结构写文章，同样也能达到恰到好处的效果。而且，一篇好文章大多由三块主体内容构成，比如最常见的总分总框架结构。

总—分—总的结构也是符合人类记忆的一种结构，在开头阐明文章的主题，表达论点，中间部分阐述论点或者通过讲故事的方式来支撑自己的观点，在结尾处呼应一下开头，升华主题。

以弘丹的《激情只能点燃梦想，习惯才能成就理想》一文举例。这篇文章的主题和内容很简单，就是讲如何养成良好的习惯。

总：即表达中心意思。作者首先以亚里士多德的名言"人是被习惯所塑造的，优异的结果来自良好的习惯，而非一时的行动"为开头，来凸显出习惯的重要性，然后引出文章的主题"想要改变自己的人生，不是下一个决定就能达到的，需要每日的精进，日复一日的练习和持续的行动力"。

分：也就是分论点。作者采用递进的方式，先讲述自己以前培养习惯的失败案例，说明养成习惯需要用科学的方法；接着讲述如何用科学的方法来培养习惯，以及习惯养成的三个阶段和具体的方法；最后讲述养成习惯后的好处，以及每日写作的习惯给自己带来的改变。

总：作者在文章的结尾部分再次总结和点题，表达出"时间是最公平的，你把时间用在哪里，哪里就会有相应的收获"的观点。

这种三段式的总分总文章结构，在开头和结尾都有强调文章的主题和结论，读者读完之后，会感到印象深刻。

> **链接**：爆款文章一般有一定的套路。首先，勾勒一幅微观的立体画面来描述现象，引出问题、制造冲突、诱发情绪；然后，在解剖问题的过程中，逐渐切换到宏观视角，把问题的本质和关键要素逐一展开，并加以提炼和论证，期间还会突然制造一些反转；最后，再切回微观视角，让读者潜移默化地把自己代入场景之中，体验畅快淋漓之感。

第四节　优质付费文章写作的几种辅助能力

进入了移动互联网时代，知识付费创作者面临的信息海洋越来越宽广，写作渠道更加广泛，写作条件更加便利。大家不仅拼内容质量，更拼写作速度，还要拼发布、运营上的细节，这样才能使付费文章物有所值，读者更愿意买单。所以，在写作的同时，我们还需要掌握并提升以下的几种能力。

一、信息"搜索力"

在现代社会,搜索能力越来越成为一个人的必备素养。而普通人写作时使用搜索引擎与高手的主要区别在于:你遇到的问题,你要找的素材,高手可能都已经解决了,都已经写好了文章,而你还在各种搜索引擎中千辛万苦地寻找,迟迟无法下笔。

1.常用搜索引擎

中文搜索引擎网站:百度、360搜索、搜狗等,这些都是专业的搜索引擎网站,搜索功能是网站的核心功能。比如百度,拥有目前世界上最大的中文信息库,可以为用户提供广泛的信息。但是也存在搜索结果不够可靠、广告多等缺点。

知乎搜索:知乎的搜索广度虽然远远比不上百度,但是内容的深度和准确性却是百度无法比拟的。尤其是在提问方面,知乎是可信赖的问答社区,以让每个人高效地获得可信赖的解答为使命,上面很多大神和行业大佬,会为用户的问题提供专业的解答。

微信搜索:一是可以用来搜索朋友圈、文章、百科、公众号、小程序、音乐、表情等特定内容,也就是说既能搜索我们不知道的公域信息,也能搜索与我们相关的私域信息;二是微信的对话框"搜一搜"功能,打通了微博、知乎等众多平台,使内容搜索更加完善、方便。

微博搜索:一是具有实时性。遇到突发事件和热点时间,很多人都会在微博上发布消息,并予以评论,这为我们掌握最新的材料和受众想法提供了便利;二是微博信息量很小,只有一百多字,这些短文本可以直接呈现在搜索结果里,翻看两页基本就了解了事件的全貌,而不是像百度一样需要再点进某网站内进行浏览,为我们节省了时间。

2.垂直搜索引擎

易撰：搜索爆文资源。易撰是一个基于数据挖掘技术为自媒体内容创客提供写作灵感、创作工具的资源搜索平台，拥有非常齐全的自媒体数据库，包括各平台、各领域的实时资讯、精选爆文等，每日的更新数据超过百万，可以有效帮助用户了解时下的爆款内容，寻找创意要点。

知网：搜索文献资源。知网是一个综合性的文献数据库，面向海内外读者提供中国学术文献、外文文献、学位论文、报纸、会议、年鉴、工具书等各类资源的统一检索、统一导航、在线阅读和下载服务。如果你要写某一个行业的专业文章，或者你的内容需要文献支持，那么就可以到知网上下载文章。

Unsplash：搜索图片资源。好文章离不开好配图。Unsplash是一个免费的照片共享网站，聚合了国内外所有的免费图片版权，图片资源超级多，拥有几千万张免费的商业大图供用户下载，解决了众多图文创作者荷包羞涩、又怕侵权的痛点。

二、信息"梳理力"

如果说互联网是一片无边无际的大海，那么写一篇文章需要的一条可用信息就如同其中的一条小鱼。学会使用搜索引擎搜索需要的信息，只能说是锁定了某一小片海域，要准确找到其中的那条小鱼（或者提前储存小鱼），还需要具备以下三个核心能力。

1.速度

速度，我们也可以理解为"速读"，速读的对象包括网上的文章、图书和搜索引擎内容等。要掌握速读，我们必须要明白，速读绝对不是基于对内容的理解，而是对关键词的条件反射。你可以逐渐锻炼自己的大脑，通过对关键词的出现频率和稀缺程度，来判断内容的重要性。要锻炼这一点，需要大量的实践，你要强迫自己尝试不去理解语义和内容，而是用眼睛去搜索关键词。

2. 溯源

随着移动互联网的发展，人们的时间变得越来越碎片化，很多创作者都会在闲暇时间浏览一些内容。而溯源一方面是知道自己读过什么，另一方面是要知道自己为什么当时觉得重要。

先说读过什么。我们经常会有感觉，有个内容好像有印象，但想不起在哪看到了，回去找的这个过程又非常耗时间。所以，我们可以使用一些"稍后读的工具"，比如Pocket、Instapaper等，它就像一个容器，能够收纳你读过的所有内容。

与此同时，我们还要知道自己为什么当时觉得重要。我们在读的过程中，经常会觉得有些句子、段落值得记录下来。这个时候你也可以用一些记录工具，比如印象笔记，将内容保存下来，以供我们之后重温。

3. 吸纳

吸纳也可说是有选择地吸纳，将看到的信息转化为自己的内在知识。所以这一步已经不是单纯的堆积信息了，同时还需要将信息在大脑中内化，梳理成自己的思考体系。

你可以将有感而发的内容总结后，记录在自己的笔记本或者手机便签中。这样，一方面你在脑子里已经对内容进行了一遍重构，另一方面在以后翻看的时候，因为用的是自己习惯的表达方式，所以也会觉得更亲切，运用时也更加驾轻就熟。

三、图文"搭配力"

在知识付费激烈的竞争环境下，想要让自己的文章获得用户的青睐，甚至是一眼就产生阅读的兴趣，图文的合理搭配很关键，必须在形式和内容上同时下功夫。

1. PPT+干货内容

一份可以让读者付费的文章，必须要专业，这种专业首先就体现在PPT的制作上。PPT的使用，可以让用户在阅读文章时，更加快速地掌握意思和内涵，能够节省用户的时间，也能在逻辑上有一个清晰的排序。

其次是文字，文字必须要避免啰唆。用户花钱阅读的文章，最不想看到的就是通篇的大道理或者空话。所以，在文字上要尽可能突出实实在在的干货，让用户阅读时有深深的满足感。

在文字的编辑上要遵循以下三点原则：第一，突出主题。文字上首先要突出主题，否则你的文章再丰富多彩也无济于事。主题可以快速抓住用户的眼球，牢牢吸引用户。第二，多用总结性话语。总结性语言体现了作者的功力，可以将一些复杂啰唆的话语，用一句话的形式总结出来，让用户阅读起来更加轻松，同时也会对作者产生敬佩之情。第三，专业术语+通俗语言。作者还应该突出专业性，所以加入一些专业术语或者概念，更能体现出深度。此外，不能一味使用专业术语，这样会造成用户阅读的疲惫感，所以，适当结合通俗语言更有说服力。

2. 图文排版

图文排版不同于纯文字排版，需要有个人的审美，既要版式美观，也要便于阅读。而赏心悦目的图文排版离不开三点：间距、配色和图片。

1）间距

如果一个页面上，密密麻麻全是文字，阅读时比较费劲，绝大多数人是不会看的。所以，必须有适当的文字间距、行间距和段落间距，可以让整个页面显得简洁干净，不拥挤，给人以心理和视觉上的享受。

例如微信公众号里的文章，一般字体选用宋体，字号为13~15号，字间距在1.5px左右；行间距根据文字多少来判定，一般为1.5~2px；段间距通常是1.5~2px，个人推荐1.75px。

2）配色

配色整体要协调美观，便于阅读。

我们可以通过上网查看色卡进行搭配颜色，比如有冲击力的内容，可以搭配有冲击力的色彩做主色调；如果只是以阅读舒适性为主，那么就搭配清新淡雅的颜色，不要大红大绿，也不要淡到字都看不清，文字上慎用浅色调和阴影，做到整体协调。

3）图片

图片整体要协调美观。图文交互时，一定要注意整体色调协调。比如，图片是普通的新闻图片，整体色调就搭配冷色进行协调；统一版面放置多图时，可以把图片搭配得错落有致，不要用一张图撑满，也不要将几张图硬挤在一起。

另外，在文章中安排图片，一是要贴合文章内容，挑选图片时，注意色彩冷暖搭配，避免全文色调热情奔放，图片却色调冷暗，这样会降低阅读舒适感；在排版时，注意保持图片居中对齐，整体协调。二是在贴合文章内容的前提下，尽量用风趣幽默的图片，可以增强图文趣味性；配图尽量简洁，或者插入一些动图来表达心情，与读者产生共情。

四、试读和付费"安排力"

一篇付费的文章,不可能让读者一开始就花钱购买。所以我们要将自己的内容划分一下,前面是免费的部分,用来吸引用户付费,后面的付费内容是我们重点花心思的地方。

很多人在写付费文章时,往往在试读部分花了很多精力和时间,在写法上、真实性上都非常用功,为的是吸引用户的关注和阅读。但是当用户试读完,支付了费用,继续阅读时却发现付费阅读的内容粗制滥造、毫无价值或者抄袭他人,这样的文章就会被用户放弃甚至投诉。

所以,在免费试读的内容中,我们必须简洁明了地告诉读者通过这篇文章他们能够获得什么内容。

第一,免费文字部分重点突出吸引读者购买最有价值的点,可以突出自己的成就与经验;第二,建议列出一个简要大纲,告诉读者购买了本文将会得到哪些干货;第三,给出一部分有价值的干货,吸引读者继续往下读并付费购买。总之,免费部分内容尽量做到:字数不用过多,30%左右即可,亮出吸引点,直接说明能提供哪些有价值的内容。

> **链接:** 工欲善其事,必先利其器。好的写作辅助工具能够提升写作效率,保证写作时间。市场上这类软件很多,比如印象笔记,手机端和电脑端可以无缝连接,有写作灵感的时候,可以随时随地快速记下;比如石墨文档,可在线创作文档、表格、思维导图等,并且可以实时协作;比如 Get 智能写作,这款软件有四大亮点,分别是智能写作、写作素材、全网热点、辅助写作,通过 AI 加持,帮助创作者短时间内进行智能写作。至于选择哪一个,全凭个人喜好和习惯,只要顺手就好。

爆款"音频节目"实操步骤分析

现象级付费音频节目《好好说话》的主创胡渐彪曾说:"人类最富有的是碎片时间,而不是大段时间。而音频是最好的解放双手和眼睛的方式。"如果从这个角度出发,我们就能理解,为什么有人宁愿把音频听80遍,却不愿买一本书来读。所以,当知识遇到音频,关于付费的奇妙化学反应注定要产生。

如同剧本是"一剧之本",稿件是音频节目的根本。尤其是在知识付费的大环境下,优质稿件内容在爆款音频节目中所发挥的作用要远远大于主播。稿件创作的时间要比主播录音和后期制作加起来的时间要多,经常是一个几分钟、十几分钟或半个多小时的音频稿件,需要精心打磨好几天或更长时间。像我们平时在得到、樊登读书、十点读书、有书等这些大平台上听到的有声读书节目,也都是这样的生产模式。因为只有认真制作出的内容,听众才会心甘情愿地付费。

　　所以,从某种角度来说,付费音频内容创作也就等同于付费音频稿件创作。而我们这一章的内容主要就是从这个角度切入的。

第一节　付费音频稿件的分类和特点

2016年6月，前央视主持人马东带领他的《奇葩说》智囊团，在喜马拉雅平台推出了付费音频栏目《好好说话》。凭借着综艺《奇葩说》，以及马东、马薇薇、黄执中、周玄毅、刘京京等人的IP热度，《好好说话》的销售额一日之内冲破500万。这使得越来越多的人加入付费音频内容的创作大军中，进一步地拓宽了付费音频稿件的分类范围。

一、市场上的付费音频稿类型

知识付费市场上的付费音频稿件一般分为三种类型，分别是拆书稿、讲书稿和原创稿。

1. 拆书稿＝"电视剧"

拆书稿，简单来说是对一本书的拆分和解读，创作者主要是把一本书拆解成5~10篇文章，每篇文章都有一个小主题，其中有案例，有结论。每篇文章又组成了一本书的主要内容，既相对独立又是一个整体，就好比电视剧的剧集一般。

这个时代，因为大家平时都比较忙，静下来读完一本书的时间不多，所以就产生了碎片化阅读。拆书稿就在这种背景下应运而生。它能够帮助人们通过碎片化时间，了解一本书的精华，以及构建系统的知识结构。一本好书经过拆解后，也会变得更有生命力，读者也更容易理解和接受。

市场上的拆书稿一般分为两类。第一类是拆解成长类、干货类、心理学认知类书籍，这类书籍的特点是条理性相对清晰，也比较容易划分写作主题。其中代表书籍有《如何高效阅读》《终身成长》《非暴力沟通》

等，拆解的时候可以按照目录，由浅入深。第二类是散文类、小说类书籍，比如《骆驼祥子》《假如给我三天光明》，可以按照故事情节的发展顺序来进行拆解。

2. 讲书稿="电影"

讲书稿也叫听书稿，与拆书稿的区别，就好像是电视剧和电影的区别。讲书稿要把一本书的内容用一篇文章来讲清楚，而且要讲得有意思，引起读者去阅读原著的兴趣，一般字数在5000~10000字。

讲书稿的平台和栏目有得到、樊登读书、有书的《每天听书》、喜马拉雅的《喜马讲书》等。其中，最具代表性的就是樊登读书，它的口号是"每年一起读50本书"，每本书花40~50分钟，由樊登来解读书中的精华，以供读者去收听。

3. 原创稿="电视节目"

如果说拆书稿是电视剧，讲书稿是电影，那么原创稿就是一档电视节目或网络节目。原创稿或原创知识类节目，每一期都有自己的主题。比如职场类音频节目，今天讲如何管理自己的时间，明天讲如何与领导沟通，后天讲饭局中怎么说话，等等。这些主题及内容，不是出自某本书，而是需要创作者从现实中或网络上查阅大量的资料，并根据自己的经验来进行创作解读，非常考验创作者的个人能力。

原创付费音频节目广泛分布于喜马拉雅、蜻蜓FM、得到APP等平台，比如《好好说话》《蔡康永的201堂情商课》《五分钟商学院》《口才三绝 为人三会 修心三不》《矮大紧指北》《冯唐成事心法》等，都有着超高的播放量和收益额。

二、用"耳朵吸收知识"的特点

无论是拆书稿、讲书稿还是原创稿,最终都是以音频的方式交付给用户。它改变了我们从书中获得知识的方式:从"看"——用眼睛吸收知识,变成"听"——用耳朵吸收知识,因此具有以下特点。

1. 二次创作

一篇拆书稿或讲书稿,是深度阅读一本书的成果输出,使其变成听众通过听就可以掌握的内容,从而降低他们获得知识的难度。在这样一个知识产品中,凝聚着两种知识含量:一是这本书本身的知识;二是在深度阅读的过程中,所创造出来的新知识。

2. 口语化

我们平时写的文章,多是书面语,读起来会有点别扭拗口,而且好像还跟人隔了一层似的。口语化,就是用我们平时和朋友说话的语气,但并不仅仅是加一些"啊""吧"这样的语气词,而是要有强烈的对象感,有明确的"说话"对象,使其感受到轻松自在,愿意一直听下去。

因此,音频稿要求作者时刻不忘设想用户是否能听懂。这就好比我们小时候上历史课,如果老师只是对着教案读,什么古代君王如何统治国家啊,统治了多少朝代,觉得枯燥乏味的学生们肯定听得云里雾里,如果老师加上点日常用语或发散讲一些历史小故事,甚至偶尔来一两句"这是朕的江山"这样的网络流行语,学生们肯定会听得会心一笑。

3. 内容提纯

内容提纯就是帮助听众把一本书里的水分滤掉,只留下干货的部分。

但是，也不能让写出来的东西干巴巴的，有知识点却索然无味，这就背离了音频化的初心。而最好的提纯，就是让这篇稿子的内容从书里走进生活，再从生活回到书本，听的过程是享受，听的结果让听众收获满满。

4. 知识增量

知识增量指的是让读者不仅能收获到硬知识，比如实操的工具和方法，还能得到软知识，比如思维、理念和认知方面的升级。因此，在列举书中案例的时候，建议不要选取司空见惯的内容，或者听友早已知道的东西，要让他们听完书后觉得有新的收获，给他们带来知识增量。

> **链接：**知识付费的出现，使得音频这一传统媒体时代没落的内容形式重焕新生，也让更多人看到了音频的价值与以音频形式实现知识付费的可能性。首先，音频能节省用户的时间，满足碎片化的阅读需求；其次，音频丰富了内容形式，让用户多了一种选择；再次，音频的辨识度高，更容易让用户感受到和创作者本人直接对话的亲切感；最后，音频盗版成本高，有助于版权保护。

第二节　拆书稿：不拆不成器

一、常见的"拆法"

拆书稿，一般分为预告、正文和总结三大部分。至于如何拆解，方法多种多样，常见的方法如下。

1. 章节拆解法

章节拆解法相对来说比较简单，是最常用的一种方法，特别适合逻辑主线很清晰的书籍。在决定拆解一本书时，我们先要看一下这本书大致有多少个章节，里面都讲了什么，再按其中的重点或关键词，大致分配5~10个小主题。

比如瑞·达利欧的《原则》分为我的历程、生活原则和工作原则三大部分，有近30个小章节，这就需要将主题相近的章节合并，并挑出10个读者感兴趣的主题来写。示例：

（1）瑞·达利欧传奇的一生

（2）拥抱现实，教你用五步流程实现人生愿望

（3）那些活得漂亮的人，都做到了这一点

（4）35岁之前，必须要养成的好习惯

（5）人生每天都在决策，如何做好每一个决策？

（6）如何通过有意义的工作和有意义的人际关系成为人生赢家？

（7）如何做到"允许犯错"到"超越分歧"？

（8）比做什么更重要的，是找对做事的人

（9）如何管理和改善公司？

（10）如何实现你的目标？

2. 页码拆解法

页码拆解法，是根据整本书的页码来拆解。如果遇到一些主题很分散、章节比较混乱，或者说没有多少逻辑性的书籍，比如虚构类作品，尤其是不分章节的长篇小说，就可以用这种方法。比如有书共读里的《骆驼祥子》便是以页数拆分的。示例：

（1）乱世洪流里，每个人的命运都将被裹挟（1-30）

（2）死里逃生不易，过美人关更难（31-56）

（3）虎妞纠缠不罢休，理想因现实而动摇（57-91）

（4）祥子积蓄再遭洗劫，走投无路重回人和（92-113）

（5）刘家父女彻底决裂，虎妞祥子另立门户（114-142）

（6）没有感情基础的婚姻，是不幸的开始（143-162）

（7）四爷卖厂虎妞绝望，祥子买车重操旧业（163-193）

（8）病来如山倒，带来压垮骆驼的最后稻草（194-237）

（9）虎妞难产一尸两命，祥子意志逐渐消沉（238-268）

（10）当人权买定离手，良知只是时代的牺牲品（269-286）

3.故事主线拆解法

故事主线拆解法比较适合小说。小说有情节，有铺垫，拆分有一定的难度，好在它有一个比较明确的故事主线，我们就可以围绕这个故事主线来拆解。在拆解的过程中，我们可以忽略掉无关的人和情节，弄清楚故事的主线就可以了。

比如中篇小说《了不起的盖茨比》，它主要讲述了寒门少年盖茨比曾与贵族少女黛西短暂相恋，第一次世界大战中盖茨比入伍，两人不得不分开。五年后，盖茨比通过奋斗成为百万富翁，而黛西成了纨绔子弟汤姆的妻子。痴情的盖茨比只爱黛西一人，他本以为自己可以带着黛西离开不幸的婚姻，重回梦绕魂萦的甜蜜初恋中，却不想这只是他的一厢情愿。黛西不但不爱盖茨比，反而利用他。黛西开车误杀了汤姆的情妇，为了脱罪，她与汤姆合谋将罪名安在了盖茨比的头上。就这样，那已死亡的情妇的丈夫错将盖茨比认为是自己的杀妻仇人，便一枪杀了盖茨比。盖茨比的生命与他那荒唐的爱情从此落下了帷幕。

这个故事主线并不复杂，人物不多，情节也不零散，拆分起来相对比较容易，用1个预告、4个小主题和1个总结就可以完成拆分。示例：

预告：大致介绍了这本书的文学成就，以及这本书的时代背景，等等。

（1）讲盖茨比和黛西的相识过程，可以重点着墨在盖茨比什么时候爱上了黛西。这部分可以重点讲初恋对于一个男人的影响。

（2）讲盖茨比和黛西的重逢，以及他们和汤姆之间三个人的感情纠葛。这部分可以重点探讨婚姻和爱情的关系。

（3）讲盖茨比和黛西的私奔计划，以及汤姆和车店老板娘的偷情。这部分可以重点讲述婚姻围城和出轨之类的主题。

（4）讲整本书的高潮部分——盖茨比之死。分析一下在情感关系里，盖茨比没有底线的付出和牺牲到底值不值得。

总结：可以在立意上进行升华，比如从盖茨比的性格入手，来分析整个人物的宿命，或者作者为什么把黛西当成一个不可企及的美国梦。黛西最后的冷酷选择代表了什么，整本书有什么文学意义和社会意义等。

二、写作拆书稿的注意事项

1. 夹叙夹议

写拆书稿时，我们可以有自己的发挥，将读书时的所思所想与书本及生活巧妙结合起来。也就是从书中提取出对读者有用的知识点，然后转述出来，并联想这些知识点和读者的工作生活有什么关系，如何让读者将这些知识点应用到工作生活中，让读者看到这本书的价值。

所以，拆书稿写的时候需要夹叙夹议，在叙述书籍内容的同时，加入自己的想法和观点。一般"叙"占30%左右，"议"占70%左右，不同类型的书籍也可以适当调整比例，比如干货类书籍的"叙"可以稍多一点，"议"少一点。另外，议的时候，要结合读者的痛点，引发读者的共鸣，激发读者阅读原书籍的兴趣。

2. 用好故事

听故事是人类的天性，没有人不爱听故事。一个好的故事不仅可以提高拆书稿的可读性和趣味性，还可以使听众纷纷评论和转发。

那么什么是好故事呢？

最好的、最动人的故事，往往是最真实的故事，也就是自己的亲身经历。我们可能经历过失败，也有克服挫折最终成功的经历。在写拆书稿的时候，作者完全可以用故事思维把自己的经历放到里面。经历越生动，就越能与受众产生共鸣，激发他们的学习欲望。

3. 实践应用

拆书稿写了那么多篇，那么多内容，还加了作者那么多的个人思考和观点，必定有着它独特的价值，否则也不可能吸引人。而这个独特的价值，我们也可以理解为知识点，一个有具体操作方法、可以让我们去实践应用的干货内容。

在一本书中，实用性的知识通常会以方法论或者体系的形式出现。但我们在写拆书稿时，要把它整合出来，再结合自己或者身边人的亲身经验，告诉读者，在哪个场景下，遇到哪类问题时，可以用到这个解决方案或者方法技巧。当用户感受到了这个内容的价值，他自然会觉得自己的付费是值得的。

三、拆书实操训练

在拆书稿的实操训练，以及后面听书稿的实操训练部分，我们引入知乎盐选中高分课程《读书变现：帮你腹有诗书，同时稿费不断》中使用的方法。作者金田一鑫鑫，既是多家知名平台的签约作者，也是日更

365写作践行者。在这里,我们介绍一下他对音频稿的创作方法。

拆书稿一般由三大基础部分组成,分别是:预告部分、正文部分和总结部分。这一节,我们以乔·普利兹与孙庆磊合著的《兴趣变现》为例,看一看这三大部分内容究竟该如何撰写。

1. 预告部分实操

预告部分,主要是为了激发读者的阅读兴趣,所以,一方面我们要让读者跟自己的思路走,也就是与读者建立共情,将读者带入拆书稿中;另一方面必须要有清晰的主题点,使读者明确自己接下来将通过拆书稿学习到的内容,也就是突出读者的利益点。

首先,预告部分一开始就要把读者的情绪带入进来。看完《兴趣变现》这本书,我们要思考这样几个问题:我们都有哪些兴趣爱好?在内容创业流行的今天,我们有没有利用这些兴趣爱好赚过钱?为什么别人能利用兴趣爱好在自媒体平台上赚钱,我们却不能?这些问题基本上是大多数读者的问题,讲解这些内容,说到了读者的需求和痛点上,那么读者自然也就对如何通过兴趣变现充满好奇。

同时,为了增加感染力和说服力,我们也可以加入一些名人对"兴趣变现"的理解。比如郭德纲就曾说过:"我把兴趣变成了我的职业,所以每天在工作的时候都是在做我的兴趣,这是我最大的幸福。"你想想,既能赚钱,又能做自己感兴趣的事情,哪个人不想学一学啊!到了这里,我们就可以自然而然地引出这本书的作者,讲解作者在内容创业和兴趣变现方面的权威性,以及名人名家对作者和这本书的评论、推荐,再大致介绍一下这本书中的内容,等等。

其次,为了使预告部分更加精彩,我们可以提前把拆解出的几个主题点(重点)讲出来。打开《兴趣变现》这本书,目录里显示有6大部分

共15个章节,我们可以将其大致拆解出8个主题点:

(1)如何找到你的甜蜜点;

(2)如何找到你的内容翘点;

(3)如何找到你的内容变现类型与渠道;

(4)如何更好地规划和创作你的爆款内容;

(5)如何去收获更多的粉丝;

(6)如何建立强大的个人品牌;

(7)如何打造内容团队;

(8)如何实现多元的盈利模式。

你看,把这些主题点提炼完了,其实书稿也拆得差不多了。当然,在预告部分我们不需要细致地讲解,只需要根据读者的利益点大致讲解一些他们感兴趣的重点和内容。并且,就像上面总结的这些主题点一样,最好提出疑问再解答,实现"小朋友,你是不是有很多问号?"的目的。最后,还要告诉他们,这些主题点是一环套一环,只有一节课接着一节课地学下去,才能系统地掌握兴趣变现的方法,以吸引读者和听众购买。

2. 正文部分实操

在预告部分我们已经把《兴趣变现》的正文拆成了8篇稿子。这里我们就以第一篇稿子"如何找到你的甜蜜点"为例,讲一讲如何写作正文。

首先,我们要认真阅读本书中与这一主题点相关的内容,也就是第二章,即第21~41页。读完这部分内容后,我们已经对什么是甜蜜点,以及建立甜蜜点都需要哪些步骤有了清晰了解,现在就看我们怎么用既不失内容深度,又易于读者理解的方式讲解了。

第一步:内容简介。我们先大致介绍一下这篇稿子要讲什么内容,同时告诉读者,甜蜜点是内容创业的原动力,不了解甜蜜点,不懂得建立自己的内容甜蜜点是万万不行的，使读者对"甜蜜点"这个关键词充满强烈的好奇。

第二步：概念梳理。甜蜜点是高尔夫球运动专业术语，我们在介绍其概念的同时，要把它引向内容领域。

第三步：举例说明。概念和理论解释得再通俗，都不如案例显得更具画面感和真实感，所以要举例说明什么是内容的甜蜜点。原书中介绍了5个例子，且都是靠甜蜜点成功的正面例子。我们在拆书的时候，不用这么多案例，两到三个就好；最好是再找一个缺乏甜蜜点的反面例子，这样更能体现出甜蜜点的重要作用。另外，还要尽量多挑选国内的大家都熟悉的成功案例，这样更有代入感。

第四步：提供方法。通过举例说明，我们已经知道内容的甜蜜点就是知识领域和兴趣爱好的交叉点。用新奇有趣的方式，将知识领域和兴趣爱好结合在一起，可以吸引无数的粉丝。那么下面我们就要讲解，如何确定自己的知识领域和兴趣爱好。首先，因为一个人的知识领域和兴趣爱好可能很多，我们必须找到自己最擅长的、最喜爱的，这样才能有足够的热情，源源不断地生产出具有甜蜜点的精品内容；然后，我们还要讲解如何寻找目标用户，明确了目标用户，甜蜜点就更有针对性，依照甜蜜点生产出的内容流量转化率也越高。

第五步：内容总结。简要总结一下上面的内容，尤其是第四步内容的方法论。同时，也不要忘记给出自己的观点，即使我们没有新的观点，也要用自己的话来总结一下原作者的观点，因为毕竟我们是在拆书。最后，还要用两三句话从甜蜜点聊到翘点，表明虽然甜蜜点是内容创业的重要基础，但翘点才是让我们的内容脱颖而出的秘诀，以吸引读者继续阅读下一篇稿子。

3.总结部分

1篇预告稿、8篇正文稿完成后，就到了《兴趣变现》拆书稿最后的总结部分。

首先，在这篇总结稿的开头，我们还是照例要点出这本书的名称、作者和梗概主题。

其次，简要地回顾一下8篇正文稿的主要信息，例如：如何创作内容，如何分发内容，如何获得粉丝和流量，如何多元拓展和盈利，等等。注意一定要逻辑清晰，有感染力，最好能让读者迅速回想起正文中的内容，这样读者就会有一种学有所得的感觉。

再次，展望一下"兴趣变现"的美好前景，也可以举一些成功的例子，进一步给读者加油打气。

最后，在文章的结尾处，千万不要忘记给读者以祝福，并希望大家都能够做到学以致用，真正地实现兴趣变现，走向更加美好的未来。

> **链接**：新手们刚开始写拆书稿，通常较少涉及小说类书籍，尤其是那些大部头的经典名著，比如《红楼梦》《战争与和平》，字数太多，人物太多，故事和思想都很复杂，很难将人物、故事背景与因果关系等因素分析得透彻。建议新手们从理论类、工具类书籍入手，这些书最大的特点是通过目录与每章节的结论，就可以将精华部分提炼出来，你所需要做的只是将这些精华部分与实际生活连接在一起。

第三节　讲书稿：麻雀虽小，五脏俱全

一、讲书稿的创作原则

拆书稿和讲书稿，都是在读透原书籍内容，重组之后再输出。不过，由于体量的不同，以及用户的目的和需求不同，所以讲书稿有着自己的创作原则。

1. 以书为据

讲书稿只有一篇文章，内容有限，需要在有限的时间向读者传达作者的思想，所以讲书稿最主要的是保持书籍的原有主题和观点，将书籍原作者的思想观点转述给读者，由读者理解并提取自己的观点。

当然，我们不能机械地讲解，更不能照搬原文。一方面，在开头和结尾的部分可以加入一些技巧性的串词，使其更有代入感，而剩下的核心内容一定要依据书中的脉络，不能延伸太多自己的东西。另一方面，樊登总结的经验是：原文精彩就直接拿来，一般选择原文的总结性语句做结尾，但是照搬的内容不要超过10%。

2. 不能单纯摘要

摘要是把书中要点和一些内容片段摘录下来，拼在一起解读。但这样拼出的内容显得干巴巴的，不够生动，读者看不下去，听众听不进去。所以，讲书稿既要尊重图书和原作者的观点，也需要一定的再创作。我们不但要用自己的语言使其口语化、通俗化，便于读者和听众理解，还可以少量加入一些生活案例和自己联想的内容，引发读者和听众的共情。

二、讲书稿的结构：入情入境，环环相扣

讲书稿虽然只有几千字，几十分钟的时长，但却是"麻雀虽小，五脏俱全"。从开篇到结尾，每一步都入情入境，环环相扣。具体如下：

1. 开篇

讲书类节目的开篇，一般都会有开场白，问候和欢迎听友；紧接着，就会告诉大家要讲哪一本书，这本书有多少万字，我们要用多长时间讲完。

2. 破题

破题指文章的开头。破题的方法有很多，比如列出历史事件、科学实验、调查报告、亲身经历、名人名言，以及讲故事、举例等。不管用哪种破题方法，都必须要吸引听众，能给听众带来价值。

比如《少即是多》这本书的核心是提倡素与简，所以我们可以引用综艺类节目《奇葩说》中，蔡康永微信好友仅500人这个事件来破题，引出书籍。

3. 引题

在讲书稿中，引题不仅要概括观点，还要讲出这本书的特色与特点是什么，它为什么可以在同类型书籍当中脱颖而出，这篇讲书稿会颠覆人们的哪些认知。

4. 作者介绍

介绍作者，不能只是搜索百度百科，平铺直叙，而是要介绍作者的

亮点，最好是这个作者独有而别人没有的经历。大致内容包括：作者生平、性格特点、所获奖项，以及其他好玩有趣、有料的地方，当然也可以给作者贴标签，一生写过多少本书等。

比如《输出力》的作者日本作家斋藤孝，1960年出生，迄今为止，一共写过700多本书。折算下来，他每个月至少要写一两本书，这么强大的输出力，足以牢牢地吸引听友。

5. 重点预告

重点预告是整个讲书稿的重中之重。它就像是一幅地图，让听众对接下来的内容有一个很清晰的轮廓，基本上包含3~4个重点。

6. 正文

正文就是对所总结得出的3~4个重点，分别进行深入的讲解。

比如，其中一个重点是讲一个历史人物的现代意义。那么，你就要在心里发问：这个人真的很厉害吗？他具体都做出了哪些历史贡献呢？他所创造或发明的东西，是如何解决当时人们的问题，又对后世产生了哪些影响？现代人又能从中收获到什么？等等。

顺着这个思路，把自己脑海中的问题列成大纲，带着这些问题去书中找答案，同时丰富答案的细节，等这些问题都回答完了，正文内容也就随之呈现。

7. 总结

这部分通常都是一个段落，主要就是把我们前面3~4个重点内容，分别用一两句话概括总结一下。这个总结最好能高屋建瓴，至少不要和前面的内容重复。

8. 结尾

收尾部分需要我们复述一下讲书稿的精华内容，最后重新点题，升华内容。这本书给自己哪些启示，对自己有哪些影响，自己以后准备怎么做。

三、实操案例指南

为了进一步提高大家的讲书稿写作能力，下面我们再以不同类型的三本书为例，简要地为大家提供写作思路，方便大家写作讲书稿的内容。

1.《非暴力沟通》

这是一本被称为"沟通圣经"的书，由美国著名的心理学家、全球首位非暴力沟通专家马歇尔·卢森堡博士撰写，讲述了5种暴力沟通的表现以及4个非暴力沟通的步骤，非常具有实操性。读完这本书，我们可以将其归纳为三个方面：

一是日常生活中最常见的暴力沟通都有哪些？

二是暴力沟通都有哪些原因？

三是非暴力沟通在生活中如何进行实际运用？步骤又是什么？

此时，5种暴力沟通的表现可以写入第一个和第二个方面；而4个非暴力沟通的步骤就是最后一个方面的答案了。

关于这本书的作者，还有一个很有意思的故事，可以作为破题，说服用户认真听完这本书：

有一次卢森堡博士去巴勒斯坦讲解非暴力沟通，因为"巴以冲突问题"，巴勒斯坦人最恨的就是美国人，他们在现场大吵大闹，甚至扬言要杀死卢森堡。于是，助手劝他赶紧走。然而，卢森堡不仅用他的非暴力沟通成功地化解了这场危机,而且还被闹事者请到家中一起共进晚餐。

2.《老人与海》

这是一本中篇小说,也是一部世界名著,创下了48小时售出530万册的出版神话。作者海明威也凭借此书获得了1953年美国普利策奖和1954年诺贝尔文学奖,奠定了他在世界文学中的突出地位。故事很简单,讲述了一位老渔夫,与一条巨大的马林鱼在离岸很远的湾流中搏斗的经历。但是这本书却有着极为深刻和丰富的精神内涵。我们可以将其归为三个方面:

(1)人生充满了欢乐,但同时也伴随着一些所谓的厄运;

(2)面对难以征服的大自然,人仍然可以得到精神上的胜利;

(3)如何成为一个顶天立地的大丈夫?

在具体的写作中,我们可以根据书中的故事情节,紧紧围绕着这三个方面来写,如此就能够写出立意高远、逻辑清晰,给人以强烈震撼和具有启发性的内容。

另外,《老人与海》是根据真实人物和事件改编,破题的时候就可以用到这方面的材料:第一次世界大战结束后,海明威移居古巴,认识了老渔民格雷戈里奥·富恩特斯。1930年海明威乘的船在暴风雨中遇难,富恩特斯搭救了他。从此,两人结下了深厚的友谊,并经常一起出海捕鱼。1936年富恩特斯出海很远,捕到了一条大鱼,但由于这条鱼太大,便在海上拖行了很长时间,结果在归程中被鲨鱼袭击,回来时只剩下了一副鱼骨架。所以,后来海明威就以富恩特斯为原型,写下了这部旷世巨作。

3.《瓦尔登湖》

这本书是一部经典散文集,是美国作家梭罗独居瓦尔登湖畔的记录,描绘了他两年多时间里的所见、所闻和所思。在那样一个自给自足的环境下,作者内心的矛盾冲突、希望和失望,以及自我调整、重获新生的心路历程都在这本书中真实地反映了出来。而作者崇尚的简朴生活,也被很多压力环绕下的现代人所向往。看完这本书,我们可以将其归纳为三个方面:

(1) 作者隐居的生活是怎样一番情景?
(2) 中国儒家文化、禅宗思想在这本书中的体现;
(3) 当代青年如何向梭罗学习?

其实,这个思路就是按照历史和地域发展的视角,从古代到现代,从西方到东方,把删繁就简的思想贯穿其中,从而立意:无论任何时代,无论身处世界的哪一个角落,都需要我们适度地简化生活、净化心灵。

对于这本书,我们也可以联想到很多丰富的材料来作为破题。比如苹果公司创始人乔布斯,他的一生崇尚极致简约,卧室里只有一张床、一个床头柜和一盏台灯,这种极简思想也为他设计苹果产品提供了灵感。

再比如国内的"田园综艺"《向往的生活》,一群明星聚在一起,过起了田园般的生活,为观众带来一幅"自力更生、自给自足、温情待客、完美生态"的生活画面。这种明星热度配上经典的《瓦尔登湖》,讲书稿想不引人入胜都难。

链接:从某种角度来看,讲书稿有点类似于导游词,比如我们带领游客参观故宫,站在午门前,首先要大概介绍故宫的来历、面积、作用等,同时归纳重点,即故宫由前朝和后宫两大部分组成;

> 然后带领游客进入参观，对这两个重点一一进行介绍，前朝的中心有哪些宫殿，后宫又是如何布局的，这些建筑都有什么作用，在历史上发生过哪些重大的、有意思的故事，等等，中间可以穿插一些自己的观点；最后结尾时走出故宫，重新回顾一下今天的游览过程，说一下自己都收获了什么，等等。

第四节　原创稿：高起点，高标准，高质量

一、原创稿的几大要求

1. 以节目定位为创作依据

与拆书稿、讲书稿不同，原创稿不拘泥于某一本书，它是以节目定位为创作依据。比如《好好说话》，这档付费有声节目提炼出演说、沟通、说服、谈判、辩论五个模块，其定位可一言蔽之——教人说话。不管这档节目出多少期节目，需要写多少篇稿子，每一篇稿子的主题都要与说话相关，由此构成一个完整的"说话知识"体系。

2. 拉网式搜索资料

由于原创稿的创作蓝本不是一本书的内容，而是一个小主题，所以它的蓝本是开放式的，需要先将这一小主题下所有最精深、最有收获感的资料搜集出来，再根据自己的经历和观点，用自己的语言加以整理改造，使其形成一期几分钟或十几分钟的节目。这就如同写一篇核心论文，可以说要旁征博引，搜肠刮肚。

比如《好好说话》《口才三绝 为人三会 修心三不》，主创人员为此投入了大量的时间精力，从选题到内容，层层把关，最终制作出了长盛不

衰的爆款节目。

3. 寓教于乐

网络传播自带泛娱乐化，付费音频更是如此，要想紧紧抓住用户的耳朵，内容肯定不能枯燥死板，不能有太多艰深晦涩的专业知识，要留下直白易懂的知识点。

比如《好好说话》《口才三绝 为人三会 修心三不》，这两档节目虽然是知识技能培训节目，但都简化了偏理论和学术性的内容，不仅运用大量的明星和影视剧案例，而且语言通俗幽默，用了大量的网络流行语，这些内容不会给用户带来太大的认知负担，反而能让他们从这些家喻户晓的人物和故事中有所受益。

4. 案例丰富

从古至今，从《论语》《孟子》到现在的各类付费课程，讲知识从来都离不开案例。在原创稿中，案例不仅能说明事理和扩展内容，还让人享受听故事的乐趣，更是能发人深省，引导人们做出改变。

还是拿《好好说话》《口才三绝 为人三会 修心三不》这两档节目作案例。《好好说话》由马东的米果文化出品，在喜马拉雅FM独家上线，以日更形式推送6~8分钟的知识音频课程，主要教人怎样"避开沟通雷区，把话说得漂亮得体"，塑造了睿智、轻松且亲民的节目形象，无论从节目的包装、表现手法还是内容、案例，都能感受到其风格的独特性。《口才三绝 为人三会 修心三不》由笔者创立的字节有趣出品，在喜马拉雅FM平台上独家上线，以每周五更（周一到周五）的形式推送6~12分钟的知识音频课程，从口才、为人、修心三个维度，以知识化、生活化和趣味化的内容，帮助用户解决成功路上的各种问题。

《好好说话》《口才三绝 为人三会 修心三不》中的案例，既有名著、影视剧案例，也有真人真事和作者及周边人的亲身经历，这些案例内容更加贴近普通听众的认知范围，能给听众带来强烈的代入感和认同感，非常有助于增强用户黏性。

二、原创稿的实操步骤

节目定位不同，原创稿的形式和内容也有差异，比如有的是一期一个主播，有的是两个或多个主播，案例也是同样。所以为了统一起见，我们以字节有趣出品的《口才三绝 为人三会 修心三不》中的一期节目为例。

1. 标题

这一期标题是"如何远离无用社交：《离婚前规则》中那些酒肉朋友的启示"。

要起一个新颖、吸引用户点击的标题，一是标题要主题清晰明了，二是能直击人们现实中的痛点，三是有热点效应。

这个标题就做到了以上三点。用户看完之后，首先"远离无用社交""酒肉朋友"击中了很多人的痛点，其次《离婚前规则》这部剧明星汇聚，也自然能够吸引人们的目光。

2. 开场白

开场白一般包括口号和节目介绍、主播介绍，当然也有主播不进行自我介绍。

《口才三绝 为人三会 修心三不》根据节目三个方面的定位，共分为三个开场白：

"口才三绝"部分是"用好口才,破解成功密码。大家好,欢迎收听《口才三绝》";

"为人三会"部分是"学会为人处世,走向人生巅峰。大家好,欢迎收听《为人三会》";

"修心三不"部分是"养成良好心态,走向美好人生。大家好,欢迎收听《修心三不》"。

3. 一句话介绍本期主题

因为用户时间宝贵,所以我们需要单刀直入,直接引入主题,告诉他们这期节目要讲什么。例如:今天我们来聊一聊,在为人处世当中,为什么一定要学会远离无用社交。

4. 引入部分

类似于讲书稿的"破题",可以俚语俗语、名人名言,新概念、新理论等开篇,主要用于阐述本期节目的主题思想。

这期节目以日本女作家山下英子提出的"断舍离"作为引入部分,"断舍离"这个概念很火,很多用户都听过。只有把那些不必需、不合适、过时的东西统统断绝、舍弃掉,并切断对它们的眷恋,我们才能过上简单清爽,真正有品质、有意义的生活。

社交也是同样的道理。只有远离没有任何用处,甚至会带来负面影响的社交,才能提高生活的质量。

5. 讲第一个案例

引入部分已经将主题思想解释清楚,这里就要举例说明了。正如标题中所显示的那样,我们以电视剧《离婚前规则》中的一段剧情为例:

郑凯饰演的富二代黎昕，结婚后依然天天和酒肉朋友们混在一起，泡夜店、撩妹，花费了大量的时间和金钱，结果父母失望，妻子离婚，自己也失去了经济来源。这个时候，他的那些狐朋狗友没有一个愿意帮他，甚至还来吃他的霸王餐，可把他给害惨了。

介于篇幅，这一段是概述，不是原文。案例的字数根据写作的具体情况，也可多可少，但是所蕴含的深意必须要表达清楚。

列举落魄富二代黎昕的这个案例，主要是向听众传达为什么要远离酒肉朋友，同时分析了什么是酒肉朋友，以及酒肉朋友的危害，发人深省，还给了听众提醒，能够引起听众的思考。

6. 采用男女双播形式

《好好说话》《口才三绝 为人三会 修心三不》采用的男女双播形式。男主播是主要的，贯穿全篇；女主播起到辅助作用，分两次出现，这里我们可展示其中一次女主播的播讲内容：

> 无用的社交会让我们空耗时间、精力和金钱，尤其是以吃喝玩乐为主的酒肉朋友，这样的社交关系，对我们没有任何价值和益处，正如周国平先生所说："社交场所的主宰绝对不是友谊，而是时尚、利益或无聊"，这样的社交会拉低我们的生活质量，给我们的工作、婚姻和家庭带来负面的影响。那么，聪明人是如何对待无用社交的呢？

这部分，一是起到承上启下的作用，总结了上面的内容，又用提问的方式引出了下文；二是语言相对规范、书面，与男主播用口语播讲的内容形成鲜明对比，提高内容的层次。

7. 讲第二个案例

《好好说话》《口才三绝 为人三会 修心三不》都至少有两个案例。一个是反面例子，一个是正面例子；一个是影视剧、名著、名人、新闻等热点案例，一个是和社会较为贴近的现实案例。当然，这也不是固定的，每个主题不一样，案例也会有所不同。

在"如何远离无用社交：《离婚前规则》中那些酒肉朋友的启示"中，上半部分我们用了热点案例作反面例子，下半部分就用现实例子作正面例子。内容大概如下：

一个朋友吧，他在社交关系上一直处理得很好，说得简单点，就是很拎得清，知道什么样的社交应该重视，什么样的应该远离。有一次，我目睹了他拒绝无用社交时的果断，堪称人间清醒。而他也教会我，如何拒绝无用社交，如何选择有意义的社交，等等。

这部分内容，既有真实案例，又最大化接近人们日常生活中遇到的状况和情境，会给人带来强烈的代入感。另外，有方法，有技巧，用户听了之后也能学习落地，用到自己的工作和生活当中。

8. 由女主播来进行总结

这部分也是结尾部分，包括了第二个案例的总结、问题互动、下期预告和结束语。结尾时，女主播所讲的内容如下：

> 对于社交关系，一定要有自己的判断和取舍，面对低质量的无用社交，应该果断拒绝和远离，避免浪费不必要的时间和精力，而对于那些能为我们的生活和工作带来正面影响，能让我们有所收获的高质量社交，我们应该加以重视并多多参与，从中获取对我们有益的东西。

那么,今天这一期节目就到这里了,大家听完有什么感悟呢?你们在生活和工作中,有没有低质量的社交关系呢?你又是怎么做的呢?欢迎大家一起讨论学习,成为最会做人的人!

下一期节目,我们来聊一聊为什么要学会欣赏对手,以及欣赏对手会给我们带来哪些好处?欢迎订阅《口才三绝 为人三会 修心三不》,我们下节课再聊。

三、原创稿的写作辅助技巧

1. 规避劣质内容,搜索有用资料

随着自媒体技术的发展,信息生产的门槛越来越低,由此产生了严重的信息爆炸问题。一方面,很多劣质内容创作者的出现,给我们带来了不少的无常识内容和虚假内容;另一方面,海量创作者创作的海量信息分散在互联网的各个角落,也给我们搜集有用资料带来了不小的难度。

1)找到合适的途径

一是选择合适的平台。在众多的内容平台中选择高质量的平台,比如知乎、豆瓣,在知乎可以找到很多领域问题的专业答案,在豆瓣可以找到电影、电视剧、读书等关乎评分和解读的优质内容。你可以从中挑选适合自己的信息源。

二是选择合适对象。我们获取的大部分信息来自各种社交媒体中关注的人或好友,信息的传递被固定在某些特定圈层,而且这种关系会不断强化。在这种情况下,我们可以跳出自己的圈层,至少是在网上,尽量选择更加优秀的人或行业大佬作为学习对象,接收他们的有用信息。

三是选择为知识付费。知识付费时代的到来,让我们每个人有途径接触到领域的顶尖人物所创作的内容,甚至可以指定他们回答自己提出

的问题——但前提是，你必须付费。

作为知识付费从业者，我们要比一般人更清醒地认识到，为知识付费是对创作者的尊重，而花钱也是最省钱的办法。因为花钱得来的内容往往更加准确全面，同时也为我们省去了很多搜集资料的时间，将这些时间用在创作上，可以带来更多的收益。

比如知乎、得到、喜马拉雅、网易云课堂、荔枝微课等知识付费平台，买个会员，买个课程，看完大佬的文章，听完大佬的讲解，可能就会打开你的创作思路，让你豁然开朗。

2）学会搜索关键词

首先，我们可以提炼关键词。在搜索关键词时，如果我们用口语化的表达，比如"Word表格如何在一张纸上"，会导致相似问题重复出现，干扰搜索结果，导致得出"Word表格怎么打印在一张纸上""Word表格怎么弄在一张纸上"等相关搜索结果。而其实我们的问题是"不修改Word原格式，将表格置于一页"。因此，本问题的关键词是：Word表格同页（词语+空格），这样才能搜索出正确结果。

其次，我们可以进行同义词搜索。由于汉语中的同义词很多，再加上某些内容或每个人都有自己的习惯用语，这就导致所生产出的信息和内容散播在互联网上，即使表达的是同一个意思，用词用语也有所不同。所以，在我们搜索某个关键词，没能得到自己想要的结果时，就可以用同义词进行搜索。比如简单的，将"如何"改成"怎样"，"春节"改成"过年"，再比如稍微复杂的情况，搜"康熙"，如果没有搜到自己想要的内容，那么就可以搜"玄烨""清圣祖"，一个是真名，一个是谥号，都可以代表"康熙"。

最后，我们还可以尝试换一种语言进行搜索。由于互联网上的英文数据存储量要远远高于中文，因此我们不妨转换一下思维，在搜索关键词时，如果遇到英文，或者外国人的名字，没有得到我们想要的信息，那么不妨用翻译软件，把中文翻译成英文，使用英语搜索。如果搜索的结果看不懂的话，可以再将英文翻译成中文。

2. 根据主播特质创作稿件

很多拆书稿、听书稿是作者创作完成后，向平台投递，平台再甄选主播。而原创稿大都是量身定制的，一般都是节目团队中的专职作者根据主播人设和声音特质来进行相应的创作，所以主播也是稿件创作中的一大关键因素。

例如《好好说话》，里面包含马薇薇、邱晨、黄执中、周玄毅、刘京京等多位主播，每个人都有其独特的声音和语言习惯。像黄执中，他的声线比较低沉浑厚，透露着深沉的智慧，加之他自己特色的口头禅"对不对"，常常给听众以思考的缓冲，以及言语的认同，为内容增添了不少启发性。

假设你要为黄执中或是给其他几个人写稿子，那肯定要多看一些他们的资料和节目，要重点研究其声音特质，并以此来进行自己的写作。

另外，还有一种情况，你既是撰稿人也是主播，这样的话操作空间就更大了。如果你目标明确，希望通过一篇篇稿子、一期期节目，一步步实现精进。那么，你就可以多听同行的节目，多研究同行的稿子，从中找到进步空间和方向。

链接： 如果你既是撰稿者，又是团队的主控者，在选择主播上有绝对的控制权，那么也可以根据自己的稿子来选择合适的主播。这就好比根据剧本选角色一样，哪个演员更合适角色的定位，就将剧本交给他，让他去演绎，这样也能让撰稿者和主播达到最佳契合效果。

知识类视频与直播创作的 N 个环节

单元概要：2021年B站泛知识类内容占全平台视频总播放量的45%，有一亿多用户选择在B站上学习，CEO陈睿在公司成立十二周年论坛上说："视频比起书本，对于知识的传播更友好，更高效。所以我认为，所有书本上的知识都可以通过视频再次传播。"其实，不只是视频，所有的知识也都可以通过直播的方式再传递一次，使"知识就是财富，知识就是力量"的理念，通过视频和直播间走进千家万户。

据《2021中国网络视听发展研究报告》显示,截至2020年12月,中国网络视听用户规模达9.44亿,占到了网络总人数的95.4%,产业规模破6000亿元。从"看"到"拍",视频和直播逐渐成为网民的表达工具,也成为知识付费攻城拔寨的新领域。

如今在网络上,慕课、微课、知识短视频、翻转课堂,以及与娱乐直播、才艺直播、带货直播分庭抗礼的知识直播随处可见,似乎人人都在屏幕前如饥似渴地学习。相比于图文、音频课程,视频和直播由真人或动画出镜,更加生动形象,更能吸引注意力。还有一些视频课程成本低却定价高,有些知识储量高、表现力强的主播甚至可以零成本直播创业,这都非常适合知识付费。那么接下来,我们就以最常见、最具代表性的微课、短视频和直播为例,讲一讲它们的创作方法。

第一节　视频微课：小课堂，大学问

微课最早的雏形是美国北爱荷华大学 LeRoyA.McGrew 教授和英国纳皮尔大学 T.P.Kee 分别提出的"60秒课程"和"一分钟演讲"。基于此，2008年美国新墨西哥州圣胡安学院的戴维·彭罗斯首次提出微课概念，其核心理念是紧密联系教学内容与教学目标，在一分钟内进行相应的知识传授。

国内的微课最早流行于2012年下半年的可汗学院和"翻转课堂"录制的视频，目的是帮助学生预习新知识，辅助教师答疑解惑。进入移动互联网时代，乘着知识付费的东风，微课走出校园，进入更多人的视野，微课从此有了更多的形式和内容，也逐渐成为知识付费创业者的目标和工具。

一、把握视频微课的特点

微课在我国的发展中，尤其是伴随着知识付费的发展，呈现出以下几个特点。

1. 集数多

微课是对某一领域知识的深入探究，用户要想从小白到精通，深入系统地掌握这方面的知识，就需要长期不断地学习，像学生一样逐步学习每节课程，所以微课一般都在10集以上，有二三十集很常见，七八十集也不稀奇，有的甚至有上百集。

2. 时长短

微课的时长一般比较短，如果某个知识点的内容相对较难，则知识点时长可能会有所拉长，但是总体而言，大多数都在10分钟以下，有些稍微长点的可达二十分钟。那么，多长时间的微课视频最能吸引人呢？

基于edX数据的统计，无论视频多长，用户实际观看时长的中位数都不超过6分钟。而且6~9分钟时长的视频是个拐点，更长的视频实际观看的中位数反倒会下降。比如时长超过12分钟的视频，实际观看中位数只有3分钟。所以，微课六分钟最合适。

3. 内容短小精悍

因为时长有限，所以一节微课只能突出某一学科的知识或某个技能要点。要简明扼要地对知识点进行概述，攻克难点，突出注意点，循序渐进地帮助用户理解知识。

并且，微课还要有实用性，每一节的内容，要能够解决用户在工作和生活中遇到的实际问题，使他们学有所值，学有所得。

4. 语速快

因为时长有限，又要包含足够的知识点，所以，微课的语速也很重要。

有研究表明，当语速达到每分钟185~254个单词，对应中文估计300个字时，无论视频多长，比较能获得更多注意力。原因很好理解，快语速常常伴随着激情，激情富有感染力，感染力更能打动学习者，让他更加专注。所以，老师讲课越有激情，就越能吸引学生。

另外，现在很多年轻人都习惯倍速听课，所以老师更应该注意语速，否则更难吸引学生。

二、掌握视频微课的类型

按照不同的划分方法，微课可以分为许多种类型，其中按照教学方法来分类，微课大致可以划分为以下几种。

1. 课件PPT＋录屏

这种方式是很多老师的首选，制作方式最简单，利用课件PPT的形式，通过文本、图片、视频等元素来展示教学内容，使用麦克风同步讲解，通过录屏软件把讲解者的电脑画面或每一个操作步骤清晰地录制下来，后期稍做处理后保存为微课视频。

此类微课对制作者的技术要求不高，难度系数不大，同时可以让学生快速抓住重点，更加清楚每一步的操作。

2. 动画微课

动画微课表现力强，画面生动新颖，技术含量高，既轻松活泼、好玩有趣，又更容易让学生接受，所以经常被用来解释晦涩难懂的名词，课程中的重难点、易错点、易混淆的知识点，或者科普类的小知识。

此类微课需要制作者具备一定的动画制作基础，创意当然是不可缺少的了。

3. 实时录制

实录是指用手机或摄像设备拍摄录制的视频。这种类型的微课，有些以情景式教学导入新课，或者用特写镜头来表现某个知识点的操作流程。比如手工类、实验类、实践类等课程，就经常用实录形式，大大提升了学生的学习兴趣。

此类微课需要视频拍摄者具备一定的摄像基础,保证视频画面与课程内容可合理结合。

4. 课件PPT+教师出镜

这种形式的微课,是将教师出镜和录屏相结合,比单纯的录屏效果更好一些。学生在学习知识的同时,能通过画面感受主讲教师的个人魅力,可以拉近教师与学生的距离。

此类微课要求制作者有一定的后期技巧,主讲教师有一定的镜头表现力。

三、视频微课的制作

微课的制作主要经历以下几个步骤。

1. 准备内容

在微课开始之前,老师要明确这一节课的内容,要给学生传输多少知识点。有了初步的构想后,我们要为本节课程拟一个标题,标题不能过于单调,但又不能失去传达课程信息的功能。大家可以在设计时多多参考当前的流行语,使用精简与趣味并存的命名方法。线上微课与传统课堂不同,老师们通常都是在电脑上上课,没有黑板供老师使用。这就需要大家提前将内容制作成课件,在录制课程的时候直接放映,从而减少在书写上花费的时间。

2. 构建文案

想要让课程节奏紧凑、张弛有度,话术稿必不可少。大多数老师的讲课功底都是不差的,决定微课质量水平的地方在于课程整体的流畅程度。提前准备一份话术稿就好比先模拟了一遍课程，在实际录制的时候按照这个流程讲下去即可，可以有效减少在录制过程中的停顿。当然我们也可以用课件来帮助我们调整上课的节奏，微课幻灯片中的内容要比其他类型的幻灯片多，这些内容也可以帮助我们理清思路。

3. 录制课程

前期工作准备完成之后，就要迎来课程的正式录制。建议大家在录制课程的时候选择一个相对安静的环境，避免周围的噪音造成干扰，有条件的话也可以选择质量好一些的麦克风，这些都会提高微课的效果。由于课程是需要录制屏幕画面的，所以我们还要准备一个屏幕录制软件，这样搭配上摄像头画面、麦克风收音，就具备了制作微课的条件。

4. 后期制作

对已经录制好的视频进行编辑、美化以及保存，包括把视频片头和片尾的空白部分分割移除，并为视频的片头和片尾配上背景音乐等；最后生成导出 MP4 或 FLV 高清视频格式，以确保视频画面导出后不变形。

5. 教学反思

微反思也是微课程的一部分，及时听取学生观看后的感受和反馈，对于学生不满意的方面要和学生多交流，找出好的解决方法和途径。也可以和爱好微课的同行多切磋交流，多观摩同行的优秀微课作品，找出每个作品的闪光点加以学习借鉴，以期不断改进微课制作水平。

四、视频微课设计的实操方法

一套微课或一堂微课能不能成功，关键看你如何来设计这堂课。要想把你的知识或技能，做成受欢迎的微课，内容和框架两手都要抓，两手都要硬。

1. 内容要实用

用户为知识付费，要的就是实用，有实操性，能帮助自己解决问题。对此，《荔枝微课·课程制作实操手册》提到了要思考的三个问题：1.能不能输出有价值的方法论？讲师讲的内容是不是接地气，够实用？3.能不能达到学员听完就知道怎么做的效果？

我们都知道，一套微课是由很多集构成的，由每一集或多集构成的"一节课"，都有一个主题或者知识点，对于学员来说，这就像一个个需求订单一样，对应着一个个问题和解决方案。那么，如何把一个知识点讲清楚、讲明白呢？

最简单的例子，比如我们这节课要讲知识付费，知识付费是什么，能给我们带来哪些好处，这些内容当然要讲，但他们并不实用。真正实用的是该怎样去做知识付费，这部分是重中之重。因此主讲人必须提供具体的方法、工具和实操经验，并给出一条条具体的操作步骤，以及在执行过程中的细节和注意事项，最好是自己的成功经验，哪怕是其中的一些失败经验，走过的一些弯路也行，至少能给学员提供参考价值和警示意义。而这样的内容差异化就会比较强，也会增加学员的信任感，毕竟谁也不会喜欢一个纸上谈兵的老师。

实际上，即使是一些以故事叙述为主的微课，内容也必须、也应该实用。例如字节有趣在腾讯知识上线的《侦探推理馆·大案纪实》犯罪科普系列微课，其中就有许多防范犯罪、加强自我保护方面的实用内容，还涉及生物学、生理学、心理学、精神病学等方面的内容。

例如在"杀人狂魔系列"中，共讲了"食人魔"张永明、"少年噩梦"黄勇、"村野奇魔"杨新海、"雨夜屠夫"罗树标、"红衣杀手"高承勇等5个人物。讲"高承勇"时,提到了对负面新闻的关注,其实是一种人类的自我保护机制,所以大家平时可以适当地多关注一些"犯罪新闻",以加强自我的防御机制;讲"黄勇"时,提到了犯罪分子也会有一刹那的善念和自身在某方面的需求,只要抓住这一点,在对方心理脆弱的时候,说出令对方感动的话,满足了对方的需求,就能获得生还的机会。

所以,很多看似不太实用的内容和知识,只要用心创作,也能找出对观众有益,并能够在现实中运用的实操要点。

2. 框架要吸引人

为什么同样一节课,同样一个主题,同样一个内容,有的人讲课时学生们目不转睛,全神贯注,而有的人讲课时学生们无精打采,昏昏欲睡?

原因就在于是否会讲故事,是否会搭建内容框架。

会讲故事的人,懂得故事讲述的套路。比如,开头怎么一下子引起大家的兴趣,怎么层层作铺垫,如何步步引导。讲微课是一样的道理,想吸引人听你的课,买你的课,就需要给你的内容设计一个好的结构框架,让内容层层展现,环环相扣,一步一步去引导,一步一步抓住受众的心理和激发受众的观看欲望。

这就需要利用点心理学,在微课里设计一些包袱,不断让观者跟随你的思路,去解包袱。比如我们可以用解密或揭秘式的微课设计框架结构:

第一步,抛出痛点,引发好奇、兴趣和共鸣;

第二步,针对第一步的问题,分析痛点产生的原因;

第三步，提供方法，给出解决痛点所需要的方法和解决方案；

第四步，使用案例佐证方法的有效性，增加听众的信任感。

比如一堂"三招教你学会如何写出一篇阅读量10万+的文章"的微课，我们可以这样设计框架：

第一步：一篇阅读量10万+的文章，想知道我是怎么写出来的吗？

第二步：你的文章总是写不好，就说这三个原因；

第三步：我有三招可以帮助你写出阅读量10万+的文章；

第四步：举个实例，谁学了这个方法，然后写出了阅读量10万+的文章。

> **链接**：教育培训行业将微课分为知识、技能和心态三大类，知识类和技能类微课比较常见，理论知识能够帮助用户提升认知和思维，实践技能能够帮用户提升能力和业绩；心态类的微课比较少见，因为心态类的内容多少涉及一些大道理的输出，而且转变心态对学员来说通常需要比较长的时间，所以课程很难达到理想的效果。但是，对于个人的成长来说，知识、技能和心态相辅相成，缺一不可。

第二节　知识类短视频：内容新战场，涨粉新风口

随着短视频类泛知识创作者的大量涌现，知识类短视频数量和消费数显著增长，泛知识内容受到用户的广泛认可。据《2021抖音泛知识内容数据报告》显示，生活技能类泛知识科普短视频内容呈高速增长之势，已经成为最受短视频用户欢迎的内容之一。

在短视频内容越来越同质化的当下，泛知识内容类短视频开始大放异彩，越来越多的专家、学者、教授、院士入驻抖音，通过短视频和直

播分享各领域专业知识，降低知识传播门槛，成了短视频内容创作和传播的新风向。

一、知识类短视频的几大特点

目前，知识类短视频主要呈现以下几大特点。

1.时长短，内容丰富

知识类短视频，比一般的短视频长，比微课的时长短，一般都控制在一至五分钟，两三分钟的比较多。时间虽然不长，但却包含一定的信息量和知识密度。

也因为时间有限，就需要创作者们花费更多的心思，去吸引观众。于是，一条短视频里就需要放入大量精彩的知识内容，用"浓缩就是精华"形容再合适不过了。

2.内容生活化

内容生活化在生活类、科普类短视频中表现得尤为突出。内容主要围绕生活中的各类话题展开，比较容易满足观众对内容实用性的需求。

以"老爸评测"为例，这个账号的所属人魏文峰是国际化学品法规专家，拥有十年出入境检验检疫局实验室检测的工作经验。他把十年的工作经验运用到了对生活中物品的评测当中，例如化妆品、护肤品、食品等与人们生活密切相关的物品。每期评测内容以1分钟以内时长的短视频呈现，精炼实用，又有实验室检测结果证明和自身多年行业经验背书，所以深受观众喜爱和信赖。

3. 观众接受门槛低

知识类短视频本质上是在做知识的"解释"工作，即把严肃枯燥的专业理论与观众实际生活中遇到的场景相结合，并转换为更容易让人接受的知识。"解释"知识大大降低了观众的接受度门槛，因此受众范围较广。例如《柴知道》这档节目，就是通过几分钟的动画趣味科普，将原本门槛较高、晦涩难懂的理论知识，转换为更精简、直白易懂的内容，帮助观众增长知识。

4. 传播性强

在快节奏的生活方式下，大多数人在获取日常信息时习惯追求"短、平、快"的消费方式。知识类短视频传播的信息观点鲜明、内容集中、言简意赅，容易被用户理解与接受。再加上短视频的制作门槛低，发布渠道多样，能够轻松实现分享，所以很容易促成裂变式传播，而丰富的传播渠道和方式能够使短视频传播的力度更大，范围更广，交互性更强。

二、知识类短视频的主要表现形式

以最常见、最受欢迎的科普类短视频为例，主要有以下几种。

1. 素材混剪＋人声讲解＋文字

这种视频表现形式非常简单。先找素材，从新闻、纪录片、影视剧，或者其他人的短视频中，找到合适的内容，进行相关的混合剪辑，再配上自己的声音以及写好的文案，把这些元素组合到一起，然后生成视频就可以了。

比如"无穷小亮的科普日常"，就是采用这种视频表现形式。虽然形式简单老套，但是无穷小亮的视频内容专业性和趣味性都非常强，仍然为他带来了大量的粉丝。

2. 动画＋配音＋讲解

通过动画的方式能够让生硬的科普内容更加生动形象，再配上合适的背景音乐和人声讲解，可以让用户更好地代入，从而让用户看视频的时候也更容易被吸引。

比如"我是不白吃"这个账号，就是通过动画+配音+讲解的方式来科普美食，简单新奇的画风，幽默搞笑的台词，吸引了一大批粉丝的拥趸。

3. 剧情演绎

以故事的方式来演绎某一个科普知识点，再配合一些让人印象深刻的点，比如固定的话术梗，有趣的人设梗，等等，能够加强用户对账号的记忆。

而且通过剧情的方式，能够让视频拥有更加丰富的元素，不仅仅是单纯的科普，还可以融入搞笑、旅行、生活、母婴等元素。

比较典型的就是"这不科学啊"，创作者利用剧情配合搞笑、天才人设等方式拍摄视频，提供专业、有趣、轻松的实验科普视频，让用户被剧情吸引住，还对主角的人设印象深刻，从而增加粉丝黏性，达到快速吸粉的目的。

4. 3D影像资料＋讲解

如果你能力、实力都比较强的话，可以自己制作一些3D影像资料来配合讲解，这种影像资料同动画一样，可以让科普内容更加生动形象，而且还能够显得更加专业。

这里提供的例子是毕导THU，此账号的视频不仅仅是有影像资料、讲解，还配上真人出镜演绎部分剧情。这样视频整体非常生动有趣且丰富，也能够给用户留下很深的印象。

三、热门知识类短视频的内容特点

短视频平台虽然用户多，但创作者同样多，所以一定要将知识内容做得足够吸引人，才能吸引粉丝，才会被大家发现。热门知识类短视频都有以下三个相似点。

1. 痛点引入

在开头说出了用户的痛点，观众才能有兴趣、尽情地接着往下看。关于痛点引入，也就是视频的开头，有一个"黄金3秒"和"黄金6秒"的原则。你必须在视频开头的前6秒内，吸引观众的注意力。如何引入痛点呢？

第一点，吸引人的标题。我们可以把教学的内容在视频开头就告诉观众，可以是制作一个封面也可以是口播，比如"关键是标题怎么写？"

我们可以用数字型或疑问型的标题。比如说"一秒求和，三秒整理表格"这样的数字标题；还有就是"你真的会吃泡面吗？""你是这样的人吗？"这样的疑问型标题。另外，还可以用情绪来吸引观众，比如"你和我一样遇到过普通而自信的渣男吗？"

第二点，开头用奇怪的表情或者动作吸引观众。演绎的时候一定要放得开，能浮夸就浮夸。

第三点，开头展示用户的痛点。比如你要教观众如何清理掉桌子上的鸡蛋，我们可以在视频开头就直接扔一个鸡蛋，然后不知道怎么清理，用来展示用户痛点。

2. 深入浅出

说完痛点就能顺理成章地开始进行知识教学部分了。这个时候，就需要深入浅出，把复杂的知识具象化、场景化、趣味化，让看不见摸不着的知识变得肉眼可见。

比如，当用短视频讲解一个抽象的经济术语或政策时，可以把知识落脚到一个具体的人身上，通过他的经历来巧妙、通俗地进行解读。如果用趣味的动画或剧情来演绎一下，更让人眼前一亮。这也对文案提出了较高的要求。

首先，要用观众最易懂的语言，我们可以假想观众就坐在面前，自己正在向他娓娓道来一般；其次，多讲故事，故事有把观众带入场景的强大力量，而且观众往往会聚精会神地听你讲完这个故事；再次，多用动词和具体名词，动词是最容易让用户去快速理解的，具体的名词也是，不要频繁使用形容词，那只会让本就复杂的文案更显烦琐；最后一点很重要，别那么严肃，尽量幽默点，毕竟短视频的一大属性就是轻松幽默，一本正经地讲课，往往没几个人愿意听。

3. 短平快

现代人的生活节奏快，压力大，空余时间少，只能利用碎片化的时间去阅读和学习，所以也要求知识类短视频必须干脆直接，不能拖泥带水，浪费大家时间。

比如抖音千万级粉丝主播"神州摄影"，在他的摄影教学类视频里，一般都会在视频开头用设问句的形式发问，1秒钟简短、平实、迅速地直接说明教学内容，在最短的时间内抓住受众的心；然后再用最简洁的语言，分点明晰地阐明观点，不拖泥带水，在这几十秒的时间里传达出清晰的观点。这种叙述方式，直接突出干货分享，且极具实操性，成功赢取了粉丝的喜爱。

4. 精彩反转

如果你在结尾说：你学会了吗？往往会显得比较普通，我们不妨再来一些简单的反转，提升视频的趣味性。很多优秀的短视频，都是使用这样的脚本结构，收获了更多的点赞和评论。

比如说分享健康知识的丁香医生，在每次结尾都会出现标志性的推眼镜动作，表示就要开始反转了，不是说一些土味情话，就是一些趣味调侃，和前面一本正经的样子形成明显的反差。观众就不会觉得枯燥，也会慢慢地喜欢上这个有趣的医生。

四、知识类短视频的内容实操拆解

对于短视频来说，"内容为王"是永恒不变的真理。尤其是知识类短视频，更需要一条条实用干货，来抓取观众越来越分散的注意力。这一节，我们以抖音知识号"寒寒的视频美学"（以下简称寒寒）为例，看一看作者是如何分享知识内容的。

1. 找准自己的内容定位

做短视频，内容定位是重中之重。首先可以从自己擅长的点或者兴趣爱好来做选择。寒寒的定位就非常准确，她擅长的是分析，所以就做"拆解类"内容。

抖音在2021年兴起了很多分析、拆解别人账号的博主，播放量和影响力也很不错，十分契合越来越多人想做短视频的市场需求，以及抖音知识付费的特点。所以，寒寒便以此为契机，锁定"拆解类"内容，在2022年初推出了"寒寒的视频美学"，并在短短三个月的时间，就成为抖音知识付费的一颗璀璨新星。

另外，做"拆解类"内容还有一个好处，那就是平台上会有源源不断的优质账号的内容等待拆解，不用担心选题和素材问题。

2. 用心去研究每一个选题

寒寒的"拆解类"视频，包括涨粉、文案、定位、账号人设等内容。大多数视频都是先讲一下要拆解的账号作者，然后拆解这个账号怎么做，最后从制作短视频的底层逻辑这个角度来分析一下。

看起来很简单，抖音上很多"拆解类"账号也都是这么做的。但是，如果想要在众多同类的账号中脱颖而出，就必须做出更好的内容。而要做出更好的内容，首先就要研究透选题。这就需要花费大量的时间，甚至是金钱。

比如，有一期视频，为了分析"亲爱的安先生"这个账号，探究一个文艺青年为什么能在短短两个月的时间将自己的抖音课程卖出两百多万元，寒寒竟然花了3000块买了课程，研究了两个月时间，总结出了6条创作概念：故事化、交流感、情景化思考、优化信息密度、抽象结合具象、情感回路，而这些干货都是在其他主播那里找不到的，甚至连"亲爱的安先生"本人都来留言感谢。

3. 精心撰写每一期的文案

研究透选题之后，就要开始撰写文案了。对于知识类短视频来说，文案非常重要，好的文案可以把干巴巴的知识点变得更加具象生动，触动人心。

寒寒抖音号的个人签名是"挺会写文案",可见写文案是她最擅长的事情,在她的视频里具体表现在以下几点。

1) 账号对比

通过两个同类账号的对比,可以清晰地展现二者的不同点,尤其是视频的开场,会给观众一种强烈的差异感受,吸引人继续看下去。

例如:"这两个大男人为了卖自家水果……""同样讲法律,李叔凡律师满足我们的正义感,而桃矢王唯却常常逗我们发笑……""在抖音,同样的知识分享,点赞数能差一千多倍……"

2) 层层转折

通过"层层转折"的方式,可以引导观众不断地探究问题的真相。例如:"天水哥哥和川弟弟,同样的身材,同样叫宝宝,是什么造成了这样的差距。我突然意识到天水哥哥后来没再展示身材……不对,川弟弟也有追求女性的恋爱情境……我明白了,不管什么行业,内容的价值一定要匹配目标粉丝的价值"。

在这个视频中,文案不断地经历肯定—否定—肯定,通过展示身材—第一视角—爱恋情境—运动质感—内容价值匹配目标粉丝这样多次的转折,最终引导听众发现天水哥哥胜过川弟弟的真正原因。

3) 排比罗列

文案内容的排比罗列,可以使视频形成很强的语言冲力击,带动观众的情绪,使他们一直听下去。例如"寒寒的视频美学"中的"人格化"这一期:

"如果你想迅速将视频做出差异化,那你可以试试将你的表达对象人格化。动物可以人格化,植物可以人格化,美食可以人格化,品牌可以人格化,产品可以人格化,知识也可以人格化,万物皆可人格化。人格化可以削弱视频的广告性,人格化可以让你的视频变得更有趣,人格化可以让复杂的视频变得容易理解，人格化甚至还可以让环保宣传更加打动人心。我们感知这个世界，只能靠我们人类自己的意识，所以当一个事物变成我们的同类，我们就能更好地理解和共情。你可以把他们直接画成人，也可以把他们直接演成人，他们可以有人一样的动作，像人一样干饭，像人一样跳舞，像人一样享受生活。他们也可以有人一样的情感，他们在流浪，他们在恋爱，他们在祝朋友生日快乐。最后，物能比作人，人为什么就不能比作物呢？"

4）列出公式

在文案中，列出短视频创作公式，不仅能在视频中发挥总结归纳的作用，而且更有利于观众学习和复制。寒寒大多数的视频，都会列出创作公式。例如："选题→内容定位→价值IP→品牌IP""情绪价值>内容>行业""第一视角*运动的质感+人群*关系*场景+目标粉丝价值"。

当然，好的文案和内容，也要有好的形式和画面来衬托。寒寒的个人演绎和画面呈现同样也很专业，这里我们就不再展开来讲。

> **链接：**在信息爆炸的时代，人们缺的从来不是知识，而是获取知识的好途径、好形式、好方法。知识类短视频，尤其是生活类、科普类短视频，之所以受到人们的欢迎，就是因为它既迎合了人们用碎片化时间学东西的需求，降低了获取知识的门槛，也更容易满足人们对内容实用性、趣味性的需求。

第三节　知识类直播：数字内容发展新浪潮

作为一种线上内容形态，直播几乎没错过任何一个线上风口，并且每一次都伴随着技术的更迭而迎来更大的商业机会。从传统互联网时代的YY语音,到移动互联网时代的秀场直播、游戏直播、电商直播,再到目前大热的知识直播,直播可以说一直走在时代的前列,也获得了市场的认可。

一方面,知识直播在一定程度上能消弭直播的快餐与娱乐化属性,具备专业的价值沉淀,符合业界与社会对直播的正向期待;另一方面,知识直播本身的专业性和垂直性,非常利于平台形成流量内循环、打造差异化的平台标签。所以,对于当下的知识付费创业者来说,知识直播无疑是一个值得尝试的领域。

一、知识直播的几大特点

知识直播,是以直播为形式、知识为载体,以传递和分享知识为主要内容的实时在线内容。具备以下几大特点:

1.能够满足受众的好奇心

文章和音频通过声音和文字影响受众,但受众需要联想;视频虽然突破了文章和音频的束缚,但不具备实时性;而直播通过图像和声音,打破了时空限制,展现的是真实的场景,不需要观众进行联想,观众们可以即时地看到自己喜欢的主播在做什么,他是如何思考问题,如何声情并茂地讲解知识,既满足了受众对主播的好奇心,也满足他们对知识是如何创作的好奇心。

2.能够满足受众迅速获得信息的需要

日本学者在一项研究中称,现代社会中存在着"信息缺乏恐惧症候群"。这是指一些具有较高的文化程度、比较理想的职业、比较稳定的社会地位的人群,他们因为害怕后于社会发展而重视各种信息,不放过任何可以获取信息的机会，主动地接触一切有助于获取信息的媒介，不断地获取信息也成为他们保持社会地位、与社会生活的发展保持同步的一种手段。

在某个热点事件发生后，通过直播我们可以听到行业大佬和知识大佬的一手解读，既快速又准确。

3. 能够满足受众的互动与社交需求

我们都知道，直播间既可以打字发出弹幕，也可以通过语音和视频进行聊天。如果主播抛出了一个话题，有人回复，气氛浓烈，那么很容易激发大家的参与意识。还有，如果某场直播意义重大，收看的人数又比较多，大家就更容易被学习知识的氛围所感染，久久不愿离去。

在直播中，很多拥有共同学习爱好的网友汇聚在一起，大家加社群、加好友，互相结识，在某种程度上形成了一个学习的共同体，有共同的连接，共同的经历，共同的话题，就像上课一样，从而建立起深度的同学关系。

4. 能够产生二次传播

表面上看，直播具有时效性，错过了就错过了，但是在直播时，我们可以一键录屏，使其产生二次传播及营收，没听明白的学员可进行复习，错过直播的学员也可进行回看，使视频价值最大化。

另外，在直播的过程中，我们也可以对直播现场进行拍照、拍视频，等到直播结束，将现场图片、精彩画面或片段、平台数据整理好发布到网上，为自己做宣传。

二、知识直播的几种类型

现在市面上比较常见的知识型直播，主要有四种。

1. 线下知识类活动的现场直播

这类直播属于把线下活动搬到网上，提高活动的关注度和影响力。比如出版社的新书分享会，书店的读书交流会等，主办方会在线上的相关账号里进行实时直播。

还有一些大学课堂的直播也属于这一类型，比如疫情期间的北大、清华等高校的直播课。像清华大学就通过抖音直播平台，推出十期公开课，涵盖国际关系、公众表达、传统文化等领域，刷到了这个直播，网友就和在现场上课的学霸在听同一节课，就等于网友间接上了清华。所以该系列课程开课仅三天，总计观看人次就达到了1221万，相当于581座清华大学的全部教室都坐满了学生。

另外，这类线下知识类活动的现场直播，还能将原本沉淀下来的用户吸引到线上，而且，如果直播的效果很好，还能激励用户持续关注账号及品牌的最新动态。

2. 课程配套类

这种直播是作为教学服务的一种模式出现的。用户购买了一套课程，里面有文字、有录播视频，当然也不能缺少直播，因为直播是老师和学员最直接、最有效、最容易产生黏性的授课形式。

由于直播的内容是给付费用户准备的，所以会经过由浅入深的系统化设计，更适合受众系统地学习。

3.带货类

就像任何事物都可以用科学解释那样，任何商品也可以用知识来解读，这就跟百度百科是一个道理。这也是带货类知识主播的直播逻辑。

如今，随着知识直播的兴起，一些颜值主播、娱乐主播也开始了知识内容的传播。对这类"知识型主播"来说，分享知识不是目的，知识是一种手段，带货才是目的。他们的定位是商品知识的搬运工，每天花费大量时间、精力，用于学习和研究商品背后各类专业知识，以丰富的经验和精准到位的产品点评，为用户提供全方位服务，以此赢得更多忠实用户，提高商品复购率。

4.引流类

不同于带货类的知识直播，这类主播直播通常会以一个知识点或者一本书为契机，并将此作为直播的主题。而且这类主播的文化水平一般都比较高，比如樊登。

一般情况下，他们会带上几本想要销售的书，或者为自己将要开设的课程进行引流，或者是挂上自己的二维码进行后续服务变现的私域流量沉淀。

总之，这类直播属于那种看起来很轻松，同时也会让观众产生"确实学到了点东西"的满足。并且，还会让用户感觉离主播更近，有利于账号或品牌后续产品或服务的推出。

三、知识主播的直播流程

我们以抖音短视频直播为例，直播有以下几个步骤。

1. 开启直播前的各项准备

第一，我们要确定直播时间。这个可以通过抖音创作者服务中心，看到账号粉丝的活跃时间段，根据显示活跃时间段来调整我们的直播时间，这样才能收获更多的直播观众。

第二，我们要明确这次的直播目的是什么，到底是为了涨粉，还是为了卖课，或者是为了引流，或是兼而有之。

不同的知识主播直播的目的是不一样的。比如房产号的知识主播，他们的目的是涨粉，并且引流私域进行咨询服务。

第三，我们要确定直播的主题、形式、脚本以及话术。每个主播都不一样，没有固定的套路，关键是要符合自己的定位。

第四，我们要准备直播时需要用到的道具、设备等物料。比如：道具有A4纸、KT板、小白板等；设备有手机、散热器、电脑、灯光等。不同的直播物料也不一样，可多可少，根据自己的情况准备。

第五，我们要确定直播人员。对于知识主播来说，一般需要至少两个岗位，一个是主播，还有一个是运营，运营的作用是在后台上下架产品，调整产品的价格，调整产品的库存，观看后台的数据，给主播正向反馈。

第六，我们要做好直播场景的布置，包括背景、灯光等。如果你是在家里直播，灯光不会太亮，那么最低标准也是要准备一个环形的补光灯，或者再加一个小书架，这样背景不会显得太单调。

2. 想好如何提升直播间的人气

一般我们可以通过三种方式提升直播间的人气。

一是在开始直播前，对直播进行预热，比如短视频预热，告诉粉丝几点开始直播，我们直播的主题是什么，中间会有什么样的活动，吸引你的粉丝届时莅临直播间。如果你在其他平台也有粉丝的话，比如微博、小红书、B站、微信群等，也需要提前发布一条消息告诉他们，你会在抖音开启直播，同学们赶紧来。

二是使用付费流量，比如千川和豆荚平台，通过付费的形式让平台给直播间推送流量。这个要量力而行，不能赔本赚吆喝。

三是引导粉丝互动，让他们关注主播，加入粉丝团，以及点赞、评论、转发、抢红包、抢福袋等，让整个直播间嗨起来。

3. 留住观众

为了把进入直播间的人留下来，通常需要在刚开始直播的5~10分钟，预告直播的内容、福利与活动，让直播间的观众有所期待，并且不断引导他们看下去。

4. 进行知识分享

这个环节可以有很多种方式，比如讲故事，讲案例，讲课程，甚至可以自问自答，总之自己擅长什么就讲什么，输出的都要是干货，体现主播的专业性，但也不能过于死板，该幽默的时候也要幽默，调动直播间气氛。

如果是两个小时的直播，时间一般控制在0.5~1小时左右，要给接下来的产品转化留出时间。

5. 产品转化

知识分享过后，就要开始卖课程、卖产品了。由于是知识主播，所以这个过渡还是要体现出技术含量的，不能强硬地插入广告，那样只会适得其反。

比如我们在分享英语课的时候，我们可以说"大家不要觉得这个很难，曾经有一个学员，之前是一点基础都没有的，上个月报了我这个课之后，现在能达到和外国人简单交流的水平。"这样就从内容自然过渡到产品了。

而为了提高产品转化率，我们还可以运用以下几个技巧：

第一，适当地做一些价格上的对比。包括同行之间的对比、不同时间的对比、不同平台间的对比等，让观众看到我们超高的性价比。

第二，限时优惠和限时秒杀。对于知识博主来说，我们可以从服务质量角度来限额。

第三，对消费者做出承诺。比如服务、内容和售后上的承诺，以此来打消消费者下单时的顾虑。

第四，通过已经购买过产品的消费者的好评，来体现我们的服务、内容和售后的优势，甚至可以在直播时与成功学员连麦，作为对产品的一种宣传。

6. 促单环节

这是一个很关键的环节。

首先，运营必须要配合好主播，比如提示主播产品数量不多了，限时的时间马上到了，用此来营造一种紧迫感。

其次，我们要敢于承诺售后，打消顾客顾虑，再次建立产品信任度。

另外，我们还需要向观众展示下单动作及流程，带着观众一步一步操作。

7. 服务和复盘

这个环节一般是在下播后进行，下播后做的第一件事就是需要对下单后的消费者进行服务，为中奖的小伙伴送出福利。另外，为了使团队能够不断地精进，我们还需要对直播过程中遇到的一些问题进行收集复盘，保证下一次直播的时候不再会遇到这样的问题。

四、知识直播的实操案例

在这一节，我们以字节有趣旗下儿童教育品牌"夜鸣虫童书馆"的一场直播活动为例。与上一节中以"带货"为主要目的的直播不同，这次直播主要是为了宣传节目和品牌。这一点，从"小跳跳上学记——主播见面会"这个直播主题就能看出来。这场直播活动从策划到结束共经历了以下几个步骤。

1. 确定直播平台、时间和人员

目前，字节有趣在知识付费领域进行多赛道布局，且以音频节目为主，所以我们首选了《小跳跳上学记》的上线平台喜马拉雅FM。同时，为了使这场直播有更广的覆盖范围，我们又选择了抖音、视频号为视频直播通道。又因为直播内容是针对小学生的，所以我们把直播时间安排在刚开学时，让小跳跳陪着小朋友一起快速适应新学期。

另外，由于直播的主题是讲述《小跳跳上学记》创作背后的故事，所以直播人员有两位，其中主播是小米老师，笔者作为节目策划出品人参与直播。

2. 撰写直播提纲，制作直播预告

确定了直播主题和直播人员后，便需要着手撰写内容提纲。为了避

免直播时因为紧张而忘记自己要说什么，提纲当然是越详细越好。"小跳跳上学记——主播见面会"的直播时间虽然只有1个小时，但是内容提纲却有12个要点，包括夜鸣虫品牌是如何策划创意、小跳跳的故事又是怎么来的，为什么会要求小米老师来担任故事的主播，等等。因为有了这么多可以说的点，即使直播中出现一些突发状况，直播人员也不至于没有话题可聊。

同时，由于内容提纲已经列出来，直播时要讲的内容已经很清晰，所以"直播预告"也就可以制作了。为了引流，我们在喜马拉雅夜鸣虫童书馆的《小跳跳上学记》栏目下专门上传了一期"小跳跳直播预告"，又专门设计了一张"小跳跳上学记"直播海报，发在抖音、视频号、朋友圈、微信群等社交媒体中，吸引更多人来关注当天的直播。

3. 进行儿童知识分享

由于这场直播不涉及带货，所以知识分享就成了重头戏。而为了尽可能避免有给品牌做广告的"嫌疑"，在直播过程中，我们将知识内容和"品牌故事"很好地融合在了一起。

我和小米老师同为母亲，我们的孩子都在上小学，跟故事主人公"小跳跳"是同龄人，所以有很多关于与孩子相处的知识和话题可聊。聊天的整个过程既生动有趣，又入情入理。所以，当主播小米老师再来问我为什么做"夜鸣虫童书馆"这个品牌，为什么要策划《小跳跳上学记》这档节目，节目又是怎么生产出来的，就不会显得突兀、违和。同时消除了自卖自夸式的嫌疑，无论是小朋友还是家长，也都能被吸引进入直播间。

同时，为了进一步吸引粉丝关注节目，小米老师还在直播间里现场播讲了两段小跳跳的故事，并且是以往节目中没有播过的，与新学期直接有关的，让直播间的粉丝先"听"为快，先睹为快，满足了他们对主播的好奇心，使他们产生不虚此行的心理满足感。

4.与听友和观众互动连线

直播的最大特点，就在于它的即时互动性，使听友和观众能够产生最强烈的亲近感。因为，在直播过程中，首先我们准备了许多互动问题，比如"在小跳跳这个故事中，最让你感兴趣的是哪一部分？"等。其次，由小米老师用声音扮演角色，让小朋友去猜是哪一个人物。再次，我们还分享了节目中的精彩留言，并现场进行了回答。从次，为了进一步增加互动性，我们还进行了连线，让小朋友分享自己最喜欢的人物和故事，让家长们分享自己与孩子相处的心得。最后，当然也少不了小礼品，对于每个回答问题的听友和观众，我们都送出了礼物，也收获了大家的感谢，进一步增强了与粉丝的黏性，也达到了我们这场直播的目的。

5.复盘和宣传

直播复盘，有助于避免犯同样的错误，降低下一次直播的成本。直播后进行宣传，有助于扩大此次直播的影响力，形成二次传播的效果。在此次直播的过程中，除了主播和运营参与其中，字节有趣的其他工作人员也在旁边认真观摩，通过录音、录像、录屏等方式，留下复盘和宣传时所用的素材和资料。这些也都成了我们团队的宝贵财富。

> **链接：**有人说，搞懂了直播流程，记住了操作步骤，就等于直播成功了一半。因为很多新人在直播的时候，往往记不住流程或提纲，甚至手忙脚乱，忘东忘西，就更不要说讲的内容了。所以，直播前我们可以开一个只有自己和工作人员的"虚拟直播间"，按部就班地将整个流程演练几遍，慢慢地就记住了。

知己知彼：投放合适的知识变现平台

中国有句老话"好马配好鞍，珍玩配佳座"。在知识付费的世界里，一个好的产品也要配上一个好的平台，这样才能使产品得到最大范围的传播，收获更多的粉丝和更大的经济效益，同时也才能真正地实现合作双赢。

从2016年知识付费元年至今，知识付费的形式从图文到音频、视频再到直播，载体从电脑到手机到智能家居，知识付费的行业规模和覆盖领域越来越广。根据《2021中国泛知识付费行业报告》，如今我国有4.3亿个知识付费用户，市场规模接近700亿元。有行业内人士预测，2022年知识付费规模可能将达到1000亿元。

伴随着行业整体市场规模的加速扩大，知识付费平台运营模式逐步成熟，内容、形式不断丰富，也出现了许多家喻户晓的平台。在互联网周刊发布的2021知识付费平台TOP30榜单上，我们可以看到知乎、喜马拉雅、蜻蜓FM、得到、樊登读书、凯叔讲故事、知识星球、网易云课堂等一个个熟悉的名字。

那么接下来这一章，我们就为图文、音频、视频、直播这四种知识付费形式，梳理一下它们的平台归宿。

第一节 图文平台：文字创作者的主战场

一、知乎——有问题，就会有答案

知乎，2011年正式上线，是一个以图文起家的问答平台。2016年，知乎推出了"知乎市场"，打造数字化知识商品，引入付费机制；2018年6月，"知识市场"更名为"知乎大学"，推出会员制；2019年3月21日，"知乎大学"升级为"选会员"。截至目前，知乎平均月度活跃用户数已经突破1亿，内容创作者超过5300万，累计拥有4.59亿条内容。

作为国内的一个高活跃社区网站，知乎占据了一大半的业内高质量用户，很多大学生或职场人士去搜索问题时，都习惯于去知乎社区内进行搜索。而这些优质的答案或者说图文，同时也展现出创作者强烈的专业性和个人风格，用户也非常愿意和作者互动。

1. 盐选专栏变现

其中，盐选专栏采用付费机制，服务于盐选会员。盐选会员分知识专栏和故事专栏两大内容类型，成为盐选创作者，是在知乎实现内容变现小目标的主要渠道之一！

盐选专栏对作者的要求：

无论知识类还是故事类，我们都鼓励有价值和能带给用户获得感的优质内容。如果是新知类内容，你的文章需要提出新的观点和看法；如果是技能类内容，你的文章需要具有实操性；如果是故事内容，你的文章需要人物饱满，情节可引起共鸣，有价值立意。无论故事类还是知识类，我们都倾向于选择文笔流畅、言语通俗的写作风格。

目前，盐选专栏已经吸引了1000多位来自悬疑、历史、言情、科幻等领域的创作者入驻。比如贾如神，他的优质科普专栏《好奇心档案：硬核人类、神秘生物与暗黑心理》，获得了72万盐选会员的青睐。再比如没错就是我，他将自己的真实职业故事改编成盐选专栏《完美谋杀：一位老刑警笔下的7个真实重案故事》，获得了单月最高20万元的收入。

2.创作建议

对于内容创作者来说，要想在知乎上实现内容变现，可以从以下几点入手：

第一，可以在知乎的问答平台自问自答，有助于打造个人形象，吸引粉丝；

第二，写专栏文章，围绕大众认知度比较高的话题发表专业、高格调、有深度的分析；

第三，发表观点时做到有体系、有条理。

二、头条号——你创作的，就是头条

头条号，是今日头条旗下的自媒体平台，创立于2013年，曾命名为"今日头条媒体平台"，致力于帮助企业、机构、媒体和自媒体在移动端获得更多曝光和关注，在移动互联网时代持续扩大影响力，实现品牌传播和内容变现；同时也为今日头条这个用户量众多的平台输出更优质的内容，创造更好的用户体验。头条号没有新手期，可以让人无限制地发布文章，属于比较开放的自媒体平台。

1.主要变现方式

头条号的变现方式多种多样，包括赞赏、商品卡、问答创作、内容创作、付费专栏、付费圈子等。对图文创作者来说，内容创作是很重要的方式，主要依靠阅读量。阅读单价主要受平均阅读时长、阅读完成率、内容价值系数、粉丝阅读占比这四项影响。这四项的基数越高，阅读单价也就越高，比如有人是10元/万的阅读单价，有人是20元/万的阅读单价，有人甚至更高。另外，头条号的付费专栏价格由作者自己定，作者获得对应的收益，内容质量越高，收益越多。

2. 流量算法

今日头条上内容的传播主要基于计算机算法的个性化推荐，而文章阅读量和粉丝数之间的联系极弱。据官方描述，平台的内容推荐流程为：首先把文章推荐给可能感兴趣的用户，如果点击率高，再一步步扩大范围推荐给更多相似的用户。官方通过机器计算头条号指数，头条号指数越高，能获得的推荐权重越大，即能够获得更大的推荐量。

3. 头条号指数

用官方的话说，头条号指数就是用来衡量你的内容有多值得推荐。指数越高，推荐越多，指数越低，推荐越少。指数的高低主要来源于五个维度。一是健康度：配图要美观合理，标题不低俗、不夸张，内容翔实可信；二是原创度：内容需手动发布在头条号平台，且为原创；三是活跃度：经常发文，最好每日都有更新；垂直度：文章内容要与你注册的领域吻合，不要跨领域发文，比如你注册的是历史类目，最好只发历史类文章；互动度：在评论区多回复读者，读者评论多，互动度自然也就上去了。

4. 总体调性

今日头条是最容易产生超高阅读量的一个平台。今日头条的总体内容非常杂,像门户网站,质量良莠不齐。但各个用户能看见的部分是根据计算机算法推送的,所以每个用户接触到的今日头条内容并不相同。据实际效果显示,头条号里轻松易读的社会热点和有爆点的娱乐八卦阅读量最高,正式专业类文章阅读量较低。

5. 创作建议

在这里给创作者两点建议:一是内容的热度很重要,建议发布与当下热点有一定关联性的文章,标题也要足够吸睛。二是内容适宜浅显、易阅读,不宜过于深刻,适合新手小白。

三、简书——创作你的创作

简书成立于2013年,是一个以文字和图片为主的创作社区,涵盖小说、故事、互联网、科普、职场、励志、理财、文化、工具等内容。与知乎、头条号相比,简书平台的规模要小一些,但有着自己独特的地方。

1. 主要优势功能

简书自带编辑器,可以随时随地进行创作,同时支持离线保存。就连公开发表之后的文章,也可以随时修改,修改保存以后马上就可以更新发布。另外,简书还支持专题汇聚文章功能,也支持私信、打赏、评论、点赞等社交功能,创作者可以充分地运用这些功能,与粉丝建立起良好的关系。

2. 主要文章类型

一是感情类，包含鸡汤励志、寻求认同、情绪宣泄等创作方向，例如《微信越用越多，朋友越来越少》；二是故事类，一般是有话题性的文章，讲述传奇故事或者个人经历，例如《一个工程师的"平凡之路"》；三是实用类，具有高度的指导性和可操作性，最好今晚看完，明天能上手，后天就能出成果，例如《用产品思维写好你的简历》。

3. 主要变现板块

参加简书故事比赛，赢取奖金。简书会不定期推出大奖赛，知识产出者选择参与，发表文章就有机会获得大奖。

写小说，用户付费阅读。如果你有文学才华，但又不想每天被编辑催稿更文，那么你完全可以在简书平台选择创作。在简书，有一个"故事精选"板块，这里有大量作者创作自己的小说，用户可以付费阅读。

写短文变现。简书中有一个"文章精选"板块，知识产出者可以选择为自己的文章设置付费，用户如果想要阅读，就需要付费。文章涵盖范围广，包括职场、热点、散文、科技、校园等，大都是实用性干货文章，一般定价在5元以内。

知识精选变现。如果你是一个系统性的知识产出者，即你的知识形成了一种体系和结构，那么还可以在简书的"知识精选"板块中投放，让自己的知识系统变现。例如知名写作专家高浩容在简书的"知识精选"中有一篇名为"笔力：学习叙事治疗，迈向作家之路"的连载，一共有14篇文章，用户想要观看，需要支付16.99元。这样的方式可以帮助系统化的知识产出者获得更高的收入。

写文章获取赞赏。最普通的一种知识变现方式，就是在简书上写文章，获取用户赞赏。如果你的文章是免费阅读的，那么可以开启赞赏模式，点击量的提升和文章内容的优质，都会让你的赞赏越来越多。

4. 创作建议

在简书上创作，创作者需要注意：①多多投放讲述个人经历类的文章和能快速上手的教学文章，行业深度分析文章则可能不太适合简书的调性。②简书操作很方便，规则相对简单，内容要求起点也不是很高，很适合新手。

> **链接：** 网络上的自媒体图文平台还有很多，比如微信公众号，被誉为私域流量王者、自媒体江湖的巨无霸，但对于新人来说，主要是起步期相对增粉难、变现难，但是如果粉丝量上来了，收入也水涨船高且相对稳定。另外还有百家号，百家号垂直领域的单价很高，正常情况下，一万阅读量的收益在20元~50元之间，原创文章被收录百度搜索收录的可能性非常大。但是百家号原创文章不容易审核通过，图文原创有三个月新手期。

第二节　音频平台：知识付费的主阵地

一、喜马拉雅——每一天的精神食粮

喜马拉雅FM于2012年成立，2016年开始布局知识付费，是国内最大的在线音频平台，以"成为中国最大的好声音分享平台"为愿景，也拥有最多的音频收听用户和内容创作者。

据喜马拉雅招股书显示：截至2021年3月31日，喜马拉雅拥有超过2.8亿条音轨，总内容时长为21亿分钟，涵盖100种类型的广泛音频内

容，包括但不限于教育培训、历史和人文、亲子关系、商业以及娱乐。

1. 用户画像

据艾媒咨询数据显示，中国在线音频用户规模保持连续增长态势，2020年中国在线音频用户规模达5.7亿人，预计到2022年，在线音频用户规模将达到6.9亿人。其中，喜马拉雅以65.5%的高市场占有率成为最多用户选择的在线音频平台，用户高达四亿多人。

在2021年上半年中国在线音频平台中付费用户满意度调查中，喜马拉雅也当仁不让地名列第一，满意度达85%。

凭借内容的丰富度、多渠道的布局，以及不断涌入的新内容形式，喜马拉雅在不同群体中也获得了较高的关注度。其中学生群体、白领群体和妈妈群体是三大用户群体，分别占比61.7%、67.7%、66.5%。

而随着消费者精神消费意愿日趋强烈，喜马拉雅在线音频服务涵盖了不同年龄圈层用户的需求。最明显的特征是喜马拉雅123狂欢节产品品类逐渐多元化和年轻化，深受各群体的喜爱。2021年的狂欢节的消费者年龄段集中在18~30岁，占比近44%。

2. 创作者来源

据喜马拉雅招股书显示：2020年，喜马拉雅有大约520万活跃的内容创作者。喜马拉雅通过三层金字塔"PGC+PUGC+UGC"战略，建立了健康、均衡、充满活力的内容生态系统，实现了音频内容的全方位覆盖，从顶级专业生成内容到长尾用户生成内容。

在PGC（专业生产内容）方面，喜马拉雅自成立以来，长期与出版商、网络文学平台、内容创作者和关键意见领袖（KOL）保持合作关系，积累了全球的版权内容资源，确保了上游版权优势，持续生产优质的音频内容。其中包括马东团队的口才情商系列课程，作家余秋雨的历史人文课程，字节有趣团队出品的《口才三绝 为人三会 修心三不》《格局》等个人成长系列课程，等等。

2021年喜马拉雅又引入多位大咖，通过"明星知识官""有声剧配音演员"等角色，将优质内容传递给听众。比如知名演员宁理演绎的有声剧《骑士的献祭》；再比如老戏骨王刚，在今年"世界读书日"期间，与上海电影译制厂50余位老中青三代配音名角联手打造《<西游记>全本有声剧》，都取得了不俗的成绩。

在人数上，2018—2020年，喜马拉雅PGC内容的作者数量从1000人增加到2100人；在集数上，2018—2020年，PGC内容从1.07万集增加到3.25万集；供应最少、但最专业的PGC内容的收听时长占总收听时长的比例，从2018年的5.2%增加到2020年的15%。

在PUGC（专业用户生产内容）方面，喜马拉雅结合了UGC提供的内容广度和PGC提供的质量及专业性，因此受欢迎程度显著增长。利用大数据分析能力和人工智能技术，喜马拉雅建立了"A+"有声出版平台，将采购的高质量版权内容与合适的PUGC创作者进行匹配，以生产极具吸引力的内容。同时，喜马拉雅也在密切观察PUGC创作者，为他们提供定期培训，与他们合作制作专业品质的内容，并通过在喜马拉雅平台积极推广他们创作的内容，使他们加速成长。

他们中有600万粉丝的科普大V"瘦驼"，致力于向听众传递理性的价值；有三位就职同一家医院的闺蜜，扮演着传递专业知识的"耳边医生"；有中国国际广播电台的职业DJ，以播客的形式分享音乐之美。来自各行各业的创作者都在喜马拉雅探索着主播的新身份，迈出了从听到播的第一步。

2018—2020年，喜马拉雅PUGC创作者从1600人增加到4600人，

PUGC内容由1.39万集增加至3.44万集，PUGC收听时长占平台收听总时长从29.8%上升至33.1%。专业用户生产内容正在成为喜马拉雅内容增长的新风口。

在UGC（用户生产内容）方面，喜马拉雅将UGC视为维持充满活力和多元化的生态系统的重要组成部分。用户生产内容也拥有无限的创造力。凭借去中心化的生产结构，以用户生产内容为主的平台模式能够实现内容的高效衍生与嬗变，推动用户完成从被动的"接收者"向主动的"产消者"的角色转变，通过社区氛围的建设满足用户的长尾化需求。

2018—2020年，喜马拉雅UGC创作者从285万人增加到515万人，UGC内容从1162.97万集增加到2057.37万集，而基数最大的UGC内容，收听时长占比从65%下降到52%。可见，实际上听众还是喜欢专业内容的。

3. 变现模式

据喜马拉雅招股书显示：喜马拉雅有5种变现方式，分别是会员与订阅、广告、直播打赏、课程以及其他。

其中，会员及付费订阅给平台贡献了43%的收入，再加上广告、直播中的打赏这两项，三者加起来为喜马拉雅贡献了近90%的收入。

2020年，喜马拉雅支付给内容创作者和签约方的收入分成达12.93亿元，占总营收比例为32%。

4. 创作建议

虽然PGC保证了喜马拉雅平台节目的质量，但由于版权购买成本过高，无法持续扩展内容的数量，保证不同的用户需求。所以，近两年喜马拉雅加大了对PUGC模式的重视，通过各种主播培训计划，以及A+有声出版平台为主播赋能，吸引了不少自媒体人参与其中。如果你现在还是一个UGC主播，没有关系，只要你热爱播音，有志于有声事业，能够坚持学习和锻炼，那么喜马拉雅将会是你成长路上一个不错的选择。

二、蜻蜓——更大的世界，用听的

蜻蜓FM在2011年9月份正式上线，以"倾听，让生活更美好"为愿景，是国内首家网络音频应用平台。2015年，蜻蜓FM在行业首次提出PUGC战略，大规模地邀请传统电视、广播的主持人和时事军事、财经商业、人文历史等领域有专业建树的意见领袖和自媒体人入驻。

作为第一个"吃螃蟹"的有声平台，在布局知识付费方面，蜻蜓FM却晚于喜马拉雅一年。2017年，蜻蜓FM正式布局知识付费市场，接连推出了《蒋勋细说红楼梦》、高晓松的《矮大紧指北》《局座讲风云人物》《老梁的四大名著情商课》、许知远的《艳遇图书馆》等一系列独家付费音频内容。其中，《矮大紧指北》上线首月，突破10万付费订阅用户，刷新音频内容付费行业纪录。

1. 用户画像

在音频领域，喜马拉雅属于第一梯队，蜻蜓FM属于第二梯队。据比达咨询数据显示，2021年3月移动音频APP排行中，喜马拉雅活跃用户数高达1.72亿，其次蜻蜓FM以6004.2万活跃用户位居第二。所以，分析蜻蜓FM免不了要提及喜马拉雅。

在用户黏性方面，喜马拉雅人均运行时长为90.2分钟，蜻蜓FM为50.5分钟。两者差距较大。

在用户性别分布上，移动音频APP女生用户要高于男生。喜马拉雅用户中，男性用户占比55.6%，女性占比44.4%；蜻蜓FM男性用户占比

55.7%，女性占比44.3%。

用户年龄段方面，喜马拉雅用户中，25岁以下占比22.3%，25~30岁用户占比28.6%，31~35岁用户占比27.6%，36岁及以上用户占比21.5%；蜻蜓FM用户中，25岁以下占比27.4%，25~30岁用户占比28.7%，31~35岁用户占比22.4%，36岁及以上用户占比21.5%。

2. 创作者来源

目前，蜻蜓FM已签约了包含名人大咖、电视电台主持人、素人主播在内的约10万名专业主播。其主要的生产模式是PGC与PUGC。

在内容生产上，蜻蜓FM坚持主打PGC模式，覆盖文化、财经、科技、音乐、有声书等多种类型，其合作的高晓松、蒋勋、梁宏达、张召忠被称为蜻蜓FM的"大金刚"。

从2015年开始，蜻蜓启动PUGC模式，签约名人大咖、电视电台主持人等生产专业内容，提供专属的资金、资源、培训、服务、渠道、奖励和商业化工作室等支持。2018年蜻蜓FM又发起全新主播IP"天声计划"——为素人群体专门打造的新声挖掘、新主播培养计划。活动以文学IP为本，号召大学生、播音爱好者们就百余本经典出版物及网络文学作品进行有声演绎，挖掘潜在好声音，进入蜻蜓FM神秘声音训练营，成为PUGC主播。

3. 变现模式

蜻蜓FM相关人士称，目前会员、广告、生态、直播是蜻蜓FM主要的营收来源。

早在2018年，蜻蜓FM就推出了"超级会员"，将大部分有声书内容纳入了会员畅听的内容，在会员模式"强复购性"特征的加持下，平台的收益持续螺旋上升。

2021年2月，蜻蜓FM又再次发力，当"超前点播""会员+单点"等二次付费模式成为行业方向时，蜻蜓FM却选择用"会员全站畅听"，所有蜻蜓FM会员免费收听全站内容，由此形成一种更加健康的、可持续的商业模式。

4. 战略布局

2021年，面对在线音频行业整体用户增长放缓、内容成本提升的难题，蜻蜓FM提出了"Audio First""一人一条流""第25小时"三大战略。

首先是Audio First，即音频优先。蜻蜓FM副总裁陈强认为，音频行业要想实现大众层面的内容破圈，首先应该打造Audio First。因为长期以来，音频行业都是重点在做有声书、翻录爆款综艺视频等，但音频产业要想健康、可持续地发展，必须得做出音频的爆款内容。

其次，要为用户打造"第25小时"，帮助音频行业突破自身固有的模式天花板，并通过场景化的服务帮助用户省出时间。

最后，是"一人一条流"，即一人一条音频流，这样就能够打破音频专辑的墙，当每个用户都拥有一条属于自己的音频流时，无论是在通勤还是健身、洗漱，他都能通过各类设备听到自己想听的内容。

5. 创作建议

蜻蜓FM的定位是综合性网络音频平台，与竞争对手喜马拉雅FM有很多相似之处。虽然目前跟行业老大喜马拉雅还有一定差距，但对于内容创作者来说，尤其是优质内容的创作者来说，蜻蜓FM是喜马拉雅之外的不错选择，值得关注。

三、得到——知识就在得到

得到APP由罗辑思维团队出品，旨在为用户提供"省时间的高效知识服务"，提倡碎片化学习方式，让用户短时间内获得有效的知识。

得到APP以音频内容为主，模块包括课程、听书、电子书、训练营、得到高研院、商城等，内容包括人文、科学、艺术、商业、方法技能、互联网、创业、心理学、文化、职场等。

自上线以来，得到APP吸引了薛兆丰、宁向东、何帆、万维钢、武志红、吴军、刘润等大咖入驻开课，更有主张"每天半小时，搞懂一本书"的听书栏目，吸引了众多的专职作者加盟得到，为用户提供了高质量的知识付费。

1. 用户来源

据得到APP的公开数据显示，2016年5月，得到APP正式上线，在半年时间内，用户就超过了350万。在2020年，得到APP的活跃用户数达到4226万；截至2021年6月底，得到APP月度活跃用户数超过了340万，累计激活用户数超过4540万。

在用户性别方面，得到APP中男性比女性多了将近19%。原因是经济压力导致男性比女性焦虑，更需要在忙碌之余充实自己。

在用户年龄段方面，25~35岁占比高达71%，大多数是有一定的职场经验，急需提升认知和思维以面对未来升职加薪机会的职场中坚力量。

在用户地域分布方面，得到APP的用户群主要集中在东部沿海和中西部的经济快速发展地区。这部分地区中产阶级人数较多，他们普遍重视教育对生活和工作的影响，有更强烈的获取新知识的欲望。同时，这部分地区也是中产阶级人数最多的地区，有一定的消费能力，更愿意为高质量的内容付费。

2. 创作者来源

得到APP的内容生产模式，主要以PGC（专业生产内容）和OGC（职业生产内容）为主。

PGC内容为"课程"板块，包括年度日更课程、精品课、大师课等。其中年度日更课程为订阅模式，在一年内由专业人士向用户定期提供内容。比如《吴伯凡·认知方法论》《5分钟商学院·实战》《吴军的谷歌方法论》。

精品课是得到官方联合业界大牛制作的完整的课程套餐。大师课则和精品课相似，只不过是以人为维度，联合业界知名大咖入驻得到平台，以定期更新的模式向用户提供内容。比如《枢纽·中国史纲50讲》《梁宁·产品思维30讲》《30天认知训练营》等。

OGC内容为"听书"板块，由得到知识团队进行打造，将现有书籍提炼核心要素，解读成一段几十分钟的音频，可以使用户快速对一本书的核心知识点进行了解和掌握。比如李翔解读《百年孤独》、潘旭解读《状态的科学》、田牧歌解读《生命大趋势》等。他们都是得到APP的专职作者。

对于深度阅读需求不是那么高的用户，"听书"可以较好地解决他们的知识需求。

3. 变现模式

目前，得到APP的主要盈利模式是会员、课程、出版收益、周边产品等。

得到APP母公司思维造物招股书显示：其主营的线上知识服务业务

是公司收入的主要来源，占据了每年总营收的半壁江山。2021年上半年，该业务收入占了总营收的58.83%。

4. 创作建议

相较于喜马拉雅和蜻蜓FM，得到的用户质量更优，内容更好。从长远来看，随着知识付费平台整体用户的成熟和理性，用户对于高质量内容本身的需求会高于其他需求，得到的优势日益明显，而这也对内容创作者提出了更高的要求。

如果你是行业大咖，有一定的粉丝量，在内容创作方面又有一定的心得，那么与得到合作开设课程，是一个不错的选择；次之，如果你听书稿写得不错，也可以试试去应聘得到的听书栏目的专职作者，这也是一个值得尝试的学习成长机会。

> **链接**：除了专门的音频平台之外，还有一些多元化平台值得音频创作者关注。比如荔枝微课，虽然图文、影音全都有，但音频课程占有很大的比重。再比如千聊，千聊专门打造了有声图书馆，主要着眼于通过知识解决实际问题的用户需求，涵盖事业有成、家庭幸福、身心健康、智慧人生四大听书类目，致力于为用户提供解决生活工作各种问题的思维与方法。

第三节 视频平台：知识付费新的突破口

一、网易云课堂——悄悄变强大

网易云课堂于2012年上线，是网易公司打造的在线实用技能学习平台，聚焦于职场技能教育，以视频课程为主，立足于实用性要求，与多家教育培训机构和行业的专家、讲师建立合作，聚合了丰富的学习内容。课程主要分为职业提升、编程与开发、AI数据科学、产品与运营、设计创意、电商运营、语言学习、职业考试、生活兴趣等模块。

1. 用户画像

通过百度指数对2019年上半年网易云课堂的用户进行数据采集发现：

在用户人群方面，20~39岁占比79%，40~49岁的用户占比12%，反映出年轻群体对于在线教育的认可度较高，部分中年人也开始接受在线教育。

在用户性别方面，男性用户占比达73%，女性占比27%。男性用户明显多于女性，说明男性面临较大的职场、学习压力，需要通过学习平台知识来快速提升技能。

在用户地域分布方面，主要集中在广东、北京、苏浙沪、湖北和四川，这些地区经济发展水平较好，互联网普及率较高，有着庞大的用户基数。

综合来看，网易云课堂用户主要包括以下三类：

第一类是职场人士。他们期望可以从网易云课堂的职场提升、互联网、设计创意、语言学习等模块，找到自己的学习方向及内容，系统地规划和学习课程。

每节课10~30分钟左右，可以在每天上班前或者下班后的通勤时间中，抽出一小部分时间用来学习。由于职场人士普遍面临升职加薪压力，所以学习意愿比较强，再加上他们每月有固定收入，所以课程消费能力较强。

第二类是在校大学生。大学生到知识付费平台学习，大多不是冲着学业课程去的，而是为了自己的兴趣爱好，例如编程、摄影、音乐、书法等。他们兴趣爱好广泛，可能会多个课程交替学习，不过由于缺乏收入来源，整体消费能力不强，付费意愿不足。

第三类是语言学习和职业考试的人。这些人的目标性比较强，学的东西也比较实用，比如英语、会计、证券投资、法律等，即使没有收入来源，家长和亲人也会支持。而且，他们学习的内容固定，有比较稳定的学习习惯，付费意愿很强。

2. 内容生产模式

网易云课堂是一家B2B2C在线教育平台，以PGC生产模式为主，有以下三大特点：

一是作为开放式教育平台，网易云课堂是连接教育供需双方的互联网载体，并不主要负责产出教育内容，而是通过专业的资质审核和课程监管机制，筛选优质的讲师或机构入驻平台，聚合多个垂直领域的知识资源与高质量课程。

目前，网易云课堂已经和国内很多985、211大学建立合作。此外，一些细分领域的明星教学机构也与网易云课堂展开了独家合作，比如秋叶团队、简七理财团队、叶梓团队等，这些优质团队所制作的微课程，一定程度上为云课堂高质量内容的平台建设起到保驾护航的作用

二是网易云课堂多采用以录播视频课程为核心的多种教育形式相结合的重教育模式，满足以教育刚需用户为主的学生端在不同阶段的学习需求。

三是在整个在线教育过程当中，网易云课堂为教育双方提供全方位的支持与服务，并在实现教学效果的基础上达到课程商业化的目标。

另外，除了吸入外部的优质资源之外，网易云课堂凭借着自身的中坚技术力量，也研制了一些课程，这些属于OGC（职业生产内容）。

3. 内容体系

网易云课堂包括两大内容板块：微专业和精品课。截至目前，网易云课堂的课程数量已超4100门，课时总数超过50000小时，其中涉及IT与互联网、外语学习、职场技能、金融管理等热门类目。

微专业是网易云课堂联合企业内部实力人员及教育行家，以就业为导向定制的职业体系化培养方案。其定位是职业基础课程，将互联网技能培训内容作为主打，授课老师有网易资深专家、行业一线操盘手、高校名师，等等。学员不仅可以通过"直播+录播"的形式进行学习，还可以加入专属班级群与老师、同学互动，学习结束之后需要进行专业测验，测验通过后方可获得微专业证书。

和微专业相比，精品课涉及的领域更多，面向的用户群体更为广泛，除了与互联网行业密切相关的产品设计、编程开发等模块，还涉及生活方式、亲子教育、语言学习、技能提升等不同的学习领域，内容体系丰富、全面。

从形式上看，录播视频是精品课的主要教学形式，用户在学习上更加自由。从内容上看，精品课有许多微课，体量更小，时长更短，价位更低，其中不乏免费课程。但是，一些制作精良的爆款微课甚至可以在一年内带来百万收益。

4. 创作建议

网易云课堂在知识付费行业有着十年的积累，在市场上的认可度相对比较高。如果你是高校教师，或者你的课程体系完善，可以考虑在网易云课堂上开课。

二、B站——年轻人潮流文化娱乐社区

B站2009年创立,全名bilibili(哔哩哔哩),是国内领先的二次元社区,拥有动画、番剧、国创、音乐、舞蹈、游戏、知识、生活、娱乐、鬼畜、时尚、放映厅等15个内容分区。

十几年来,B站围绕用户、创作者和内容,构建了一个优质内容的生态系统,已经涵盖7000多个兴趣圈层的多元文化社区,曾获得QuestMobile研究院评选的"Z世代偏爱APP"和"Z世代偏爱泛娱乐APP"两项的榜单第一名,并入选"BrandZ"报告2019最具价值中国品牌100强。

根据B站2021年第三季度财报显示,B站月活跃用户达2.67亿,同比增长35%,用户日均使用时长达88分钟,创历史新高。

1. B站知识付费发展历程

早在2017年,B站就开始生产"和我一起学习"模式的内容,包括陪伴式学习直播和学习经验分享。这样吸引了众多热爱分享的创作者,他们大多是热衷学习的学生群体,经常在B站上分享既妙趣横生又干货满满的学习资源,这些都为B站泛知识领域的未来发展作铺垫。

2019年年初,央视以一篇《知道吗?这届年轻人爱上B站搞学习》终于给B站贴上了"学习"的标签,让B站"学习圣地"的名声出了圈。2019年5月,B站公布了一组数据:过去一年已有1827万人在B站学习,相当于2018年高考人数的两倍。其中,英语、日语等语言学习占比较大,另外还包括高考、研究生考试和各类职业技能。

于是,B站正式把目光对准了知识付费。2019年10月30日,B站"课堂"内测上线,涵盖了职业技能、实用技能、学习刚需等类别。开课的《局座的国际战略课》《PPT大神上分攻略》《熊浩:论文求生指南》等

均为付费课程。

紧接着，2020年6月5日B站知识区正式建立，作为一级分区，下辖科学科普、社科人文、财经、校园学习、职业职场、野生技术协会六个二级分区，以分享知识、经验、技能、观点、人文为主要内容。

同时，为了提高B站知识区热度，知识类UP主好奇星人知识酱联合半佛仙人、罗翔说刑法连发了三条辩论视频以示庆祝，分别探讨了三个议题：知识应该求广还是求精？互联网填平了知识鸿沟还是让鸿沟加深了？工作用不到的知识真的有学习的必要吗？

这三个问题直指B站建立知识区的愿景：建立广博的知识面和精深的专业技能；以互联网的普惠性填平知识鸿沟；保持在工作之外的长期学习。一时间B站知识区热闹非凡，越来越多人开始前往B站学习，B站的用户越来越多。

据《2021B站创作者生态报告》显示，近一年，有1.83亿人在B站学习，泛知识内容占B站视频总播放量的45%，相当于中国在校大学生数量的5倍。

2. B站的学习基因和付费意愿

B站以二次元起家，80%的用户出生于1995—2009年，他们也被称为Z世代。基于此，B站的学习有以下两大重要来源。

一方面，B站的用户群体都面临着自我提升的压力，其中年龄处于上层的人群正处于职场的上升阶段，急需提升个人能力，年龄处于中下层的人群大部分还在念书，承担着学业提升的压力。

另一方面，B站用户群体有强烈的好奇心和求知欲，使得各种生活技能教程和日常小知识的科普大受追捧。

另外，B站有着独具特色的弹幕文化，反映在学习视频中就形成了网络班级文化。有人整理单节课笔记,有人在视频开场假扮课代表发弹幕"全体起立,老师好!"这也使得B站的学习互动氛围异常的好,这种自由无拘束的课堂模式,也让课程更具吸引力,引来了越来越多的学习者。

3. 知识创作者来源

B站知识区,主要是以PUGC为内容生产模式。据《2021B站创作者生态报告》显示,B站月均活跃UP主已达270万人。而在过去的一年,B站知识区创作者规模增长高达92%。

目前,已有300多位名师学者入驻B站,覆盖近百个学科专业,其中包括罗翔、戴锦华、汪品先、戴建业等。同时,800余家认证高校号与近万个学院已入驻B站,人人都能学习名校公开课。其中包括北京大学光华管理学院、中国农业大学、中国传媒大学、电子科技大学等著名高校和学院。

另外,还有一大批优秀的UP主,包括智能路障、老蒋巨靠谱、小约翰可汗等,俨然在B站已经成为知识偶像。

而在2022年初公布的B站2021百大UP主中,知识类达到了18位,比2020年直接翻了一番。像汪品先院士、罗翔老师、半佛仙人、小约翰可汗,都得到了年轻人的追捧,成功跻身百大UP主。

从涨粉维度来看,知识类UP主的成绩更好。2021年B站至少有158位UP主涨粉100万,罗翔说刑法、无穷小亮的科普日常、三代鹿人名列前三。前两位都是知识类UP主,罗翔涨粉944万,无穷小亮的科普日常涨粉499.5万。

纵览这些涨粉100万以上的UP主的创作领域,有36位UP主来自知识区,占比23%;其次是生活区,共有34位UP主,占比21%。也就是说,涨粉百万的UP主近一半创作的是知识和生活类内容,可见知识和与实际生活有关的内容,在B站创作端远远多于泛娱乐内容。

所以,我们也可以看到一个重要的趋势,具备"实用性"的视频内容日益成为观众刚需。如今在B站,越来越多的创作者开始制作精致化的科普视频,其中不仅包括硬核的科技人文自然知识,还有健身、设计美学等职场生活类内容。这说明大众对知识有着强烈的求知欲,对于内容创作者来说,需要做的就是通过一种直观且有趣的形式将其展现出来。

4. 创作建议

B站拥有独特的弹幕文化和良好的社区氛围,能够激发用户创作积极性和参与互动,所以如果你喜欢弹幕、喜欢互动,那么B站当然是最好的选择。还有,B站用户对知识的内容和包装形式都有较高的要求,有想法、有干货的UP主绝对受欢迎。

三、抖音——记录美好生活

抖音于2016年9月上线,是今日头条旗下的一个短视频社交平台,每日活跃人数超过6亿,这意味着每天有一半左右的中国网民都在使用抖音,按照用户量来衡量的话,抖音应该可以说是世界第一大短视频平台。

1. 上线学习频道

2021年,随着泛知识短视频越来越受欢迎,抖音也开始调整内容运营战略。2021年12月29日,抖音正式上线学习频道,专门为知识类视频内容开辟一个单独的页面。以往的抖音没有内容"频道"的概念,为了提升平台学习属性,抖音破天荒地开启了"第一次"——第一次增加了新频道。

首次打开学习频道的用户页面,会弹出一个涵盖了"人文社科、科普、健身、财经、萌宠、科技"等12个标签类别的选项卡,用户可以选择自己感兴趣的内容,让抖音记住你的偏好,从而使推送内容更为精准。

据《2021抖音泛知识内容数据报告》显示,2021年抖音的泛知识内容播放量同比增长74%。在内容分布上,囊括了知识技能类、科普类、人文艺术类、教育类、体育类、职场类6大板块,占全平台总播放量的20%,有4.5亿人月均观看100条以上的知识视频,几乎相当于全国人口的1/3。

根据2021抖音泛知识付费用户的调研数据显示,当前抖音知识类用户年龄集中在18~40岁之间,尤以31~40岁区间的人数占比最高;其次是18~25岁,对应了职场中坚力量和初出茅庐的年轻人。整体来看,泛知识付费用户男性更多,三四线城市市场蕴含着更大潜力。

2. 科普类短视频广受欢迎

据《2021抖音泛知识内容数据报告》显示,过去一年,抖音新增加的1万粉丝以上的科普创作者共609名,其内容播放量达258.39亿次,内容同比增长达207%,可以说掀起了一场知识科普热潮。

这些科普创作者既有专业科普人,比如有在某个领域默默无闻数十年的学者和科学家,还有一些是爱好动植物的普通人。

比如科普作家严伯钧,观众不仅可以从他的短视频中学到有意思的知识,还能解决一直萦绕在心头的困惑。例如在一期两分钟时长的视频里,严伯钧对网上盛传的贵州天眼FAST疑似收到外星信号的新闻进行了解读。他首先说明收到的信号没有被解密的原因,然后认真探讨了"是否存在外星智慧生命"的问题,最后向网友阐述了外星生命极有可能存在的观点。逻辑严明,论证清晰,令人信服,同时表达通俗易懂,让人一听就能明白。

再比如科普爱好者安森垚，他善于用幽默诙谐的语言，为大家解读热点事件背后的历史、人文知识。在他的视频中，我们能看到"西南地区为什么总有地震""杂交水稻的培育过程""汤加地震背后的人类迁徙"等人们关心的话题。而且，安森垚的科普角度也很独特，例如南太平岛国汤加火山爆发，安森垚没有将重点放在火山爆发的成因以及对这种自然现象的科学解释上，而是从汤加人拥有着我们相似的容貌肤色说起，简述数千年前亚洲人类向太平洋岛屿迁徙的文明史。

抖音上像严伯钧、安森垚这样的科普达人还有很多。同时，抖音还试图引入更多、更专业、更权威的科学人士。以抖音的《院士开讲》栏目为例，其中就包括了中国科学院和中国工程院顶尖的科学家，定期为观众奉献"院士级"的科普大餐。

3.课程变现模式

抖音知识付费课程的模式，可以归纳为：短视频引流→小程序深度学习+课程付费。

首先商家可以入驻小程序，并将课程一键上传至小程序；再通过短视频或直播挂载小程序，引导用户在看视频和直播时购买课程进行学习。如果用户对课程发生兴趣，或者对这个主播的知识内容感兴趣，就可以通过小程序内的课程页面直接跳转到商家的知识店铺，挑选一些自己感兴趣的课程。这样商家不仅能取得更多收益，还可以提高用户的留存率和转化率。

其次，抖音主播不仅可以自己带课，还可以联手抖音达人、网红大咖来进行课程分销，通过合理的分销比例设置，让知识付费商家获得收益的同时，帮助达人高效转化抖音粉丝，实现合作共赢。

另外，实际上在抖音，每一个付费用户都是课程推广的窗口，用户可以通过自己的账号发布相关推荐视频、直播挂载该课程的入口，帮助商家课程的二次传播，从而获取一定的推广收益。

4. 创作建议

抖音能长期占据着流量高地，与它强大的算法机制有很大的关系。如果你对算法感兴趣，就可以选择抖音。并且，抖音有着较强的娱乐化属性，即使是生产知识类内容，也需要把内容做得趣味横生。另外，相比于B站，抖音短视频的时长一般较短，所以一定要在时长和干货内容上把握好分寸。

> **链接：** 知识付费视频平台还有很多，比如爱奇艺知识、腾讯云课堂、荔枝微课、微信视频号等。其中，2020年上线的微信视频号最值得关注，依托微信，视频号拥有众多用户，知识付费也是视频号最火热的赛道之一。樊登读书视频号的运营负责人认为：微信视频号紧挨着微信生态，逐渐变成微信生态内新的"社交生意场"，是打开微信私域大门的"金钥匙"。

第四节　直播及工具平台：创造变现的更多可能性

一、搜狐——上搜狐，知天下

搜狐，1998年成立，是中国最早的互联网公司之一。其创始人张朝阳被称为"开直播最勤快的互联网大佬"。早在2008年，张朝阳就在珠峰通过网络直播车开启了直播模式，这也是珠峰大本营历史上的第一次网络视频直播。2016年，张朝阳又开通了一档《张朝阳的英语课》节目，受到了网友们的热烈追捧，这也为搜狐之后的知识直播奠定了基础。

1. 搜狐知识直播发展历程

2019年9月,搜狐视频开始发力于知识直播,邀请了众多文化、心理、法律、母婴、星座等领域的主播及专家学者,进行知识分享,取得了不错的效果。

于是2020年1月,搜狐视频再接再厉。一方面发起"寻找100位知识达人"计划,招揽各专业领域的专业人才,提供特别流量扶持和搜狐媒体全平台推荐,打造知识主播矩阵。随后,包括李子柒、谭先杰、手工耿、开心好奇妈等网红主播,纷纷加盟搜狐视频。

另一方面,2020年初新冠疫情肆虐期间,搜狐视频又顺势推出一系列医学讲座直播,获得了良好的行业口碑与社会反响。于是,搜狐视频趁势确定了以知识直播为核心的价值直播战略。通过高知识密度的内容策划,通过与日常生活相关、能随时随地解决人生实际问题的直播内容,吸引了众多网友的注意力,同时也让搜狐直播在业内受到普遍关注。

2021年到2022年期间,搜狐的知识直播实现了跨越式发展,在健康、情感、母婴、法律、汽车等领域实现了更有深度的积累。尤其是两场"直播伴你过大年"活动,让网友更多地看到了搜狐视频在知识直播方面的倾斜和努力。

以搜狐视频"2022直播伴你过大年"为例,在1月29日至1月31日这三天时间里,共有40余场直播,既有戴军、李慧珍、关凌、陆柯燃、利路修等明星艺人,也有刘博洋、包坤、管清友等专家学者,分享科学、财经等硬核知识;甚至张朝阳也亲自上场,为观众讲解物理学知识。专家学者们直播的观看量丝毫不亚于明星。这说明搜狐视频已经走上了一条以价值直播为内核、专注打造多样化的知识直播平台路径。

2. 打造差异化

在知识直播领域，搜狐视频可以说是赶了个早集，但面对强者如林的知识直播赛道，只有拿出差异化的内容才能吸引用户的注意力，而搜狐视频有以下三点优势。

第一，通过高知识密度的内容策划，生产有价值的知识内容。一方面搜狐视频不断策划优质主题，以此来吸引主播，使他们参与到直播活动中。比如2020年的搜狐"全民直播大赛"，就为各类主播和用户们提供了破圈的机会。另一方面是帮助主播打造个人IP，将他们的直播策划成个人标签鲜明的栏目。比如"包大人玩科学"，这是美国康奈尔大学物理化学博士包坤的直播间名称，搜狐团队针对包坤博士的个人风格、擅长领域，和主播共同打造了一项接地气、新奇有趣的科学节目。

第二，搜狐的媒体基因。

媒体的一大特征正是覆盖面广，定位于全媒体平台的搜狐，20多年间已经历了从文字到图片、视频、直播的传播形态演化，媒体传播也一直是搜狐的强项。张朝阳曾多次在公开场合表达过，搜狐以知识内容切入直播领域的缘由，正是将直播看成是告知和传播资讯的一个延伸，"我们把直播当成媒体来做，这是搜狐直播和其他直播带货的区别。"

截至目前，搜狐视频知识直播已覆盖情感心理、文化教育、房地产、健康、汽车、美食、美妆、母婴亲子等专业知识内容。其中，通识类直播内容覆盖天文学、光学、量子力学、古生物学等领域。

第三，张朝阳的直播影响力。很少有直播平台的老板会亲自登场直播，而且是长时间、高频次的直播。这一点，张朝阳无疑是佼佼者。事实上，他从2016年开启第一场《张朝阳的英语课》，至今已累计直播上千场。

《张朝阳的英语课》每节课1个小时左右，以新闻为主要内容，先报道当天的时事新闻，再给用户讲解各种词汇的运用。这门课不仅为张朝阳本人积累了大量的粉丝，也为搜狐知识直播打足了免费广告。

2021年11月，伴随着搜狐知识直播知名度的不断提高，张朝阳又直播开讲了物理课，他的课程表也变成了周一到周四是英语课，周五和周日上物理课。张朝阳是美国麻省理工学院的物理学博士，可以说是物理界的专家，他的第一堂物理课从"力"开始，讲解了万有引力、库仑力等理论。最后他还计算出了马斯克的飞船和中国空间站每日绕地球飞过的圈数。而这次物理课的首次直播观看人数也达到了惊人的140万。

因为有了张朝阳直播的成功，更多人看到了搜狐对知识直播的重视，以及在搜狐知识直播的发展潜力。在知识直播的赛道上，搜狐视频正在走出一条属于自己的差异化道路。

3. 创作建议

搜狐这次在知识直播方面的发力，可以说是雷声大——但雨点是大是小，还需要继续观望。不过，秉着不放弃任何一个机会的原则，还是可以去尝试一下知识直播的。另外，搜狐知识直播重点关注民生，贴近民众，此类内容也能获得更多推荐。

二、小鹅通——把工具交给知识精英

小鹅通创立于2016年底，严格意义上来讲它并不是一个平台，而是一家专注内容付费的技术服务商，为知识付费生产者提供B端的SaaS"软件即服务"。

截至目前，小鹅通已经拥有160万注册客户，其中包括十点读书、腾讯大学等一线品牌。客户累计生产2000万个知识产品，覆盖7.8亿终端用户，最高同时在线人数超过1000万。

1. 恰好赶上风口

小鹅通CEO鲍春健在创业之前，原本是腾讯数据平台部总监，T4级专家。2015年鲍春健从腾讯辞职，开启了自己的创业之路。2016年知识付费行业大爆发，大量知识付费类APP及重量级子栏目上线，这时知识付费大咖吴晓波找到鲍春健，让其为自己开发一款音频收听工具。

这项外包工作鲍春健团队做得很成功，在之后的5个月里，吴晓波频道的付费会员数发展到将近10万人。于是，鲍春健顺势而为，开发了小鹅通。通过了一个个击中用户痛点的服务，小鹅通很快成为微信生态里的知识付费软件，并形成了基于微信生态的闭环路径：创建一个知识内容→分享一个知识内容→打开一个知识内容→学习一个知识内容。

由于小鹅通性价比高，功能丰富，持续迭代，能共享CTO，以及有管家式的贴心服务，越来越多的客户找上门来合作，如今客户类型从最开始的知识付费领域，已经延伸到管理咨询、文化旅游、楼市财经、零售快消等136个细分垂直领域，最终形成了3大业务模块。

这3大业务模块分别是：一是SaaS服务，为客户提供超200余种网校平台搭建工具，使不懂技术的公司可低成本拥有自己的APP、网站、微主页等内容变现平台。二是流量分发，帮助客户将内容产品分发至微信、抖音、百度、优酷、小米、京东等流量平台，从根本上解决对方的获客问题。三是商家服务，以商学院等方式切入，为客户提供人才、资源等多项赋能。

2. 支持独立知识店铺

知识店铺是小鹅通的核心主线产品，能够满足企业账号管理、品牌营销、商业变现、用户运营等多种场景需求，打造了完整的线上商业经营闭环。

在账号管理方面，小鹅通为每一个知识店铺建立了相互独立的运营系统，各店铺之间的计费也相互独立。一个账户可以对多个账号进行直接管理，避免了同一平台内多层级账户权限设计的混乱。

在品牌营销方面，商家可借助知识店铺实现微信H5、小程序、微页面、小鹅通助手等多终端一站式运营，全方位展示品牌形象，并持续引流获客，让用户直接进入转化漏斗。

在商业变现方面，小鹅通全面支持图文、音频、视频、直播、电子书、AI课堂等多种内容形式，以及支持专栏、会员、训练营等交付形式，满足了各种知识传递场景。并且，小鹅通还可以为商家客户提供获客、交易、商品经营等的全流程经营数据分析，帮助商家实现更好、更精准的商业变现。

在用户运营方面，商家不仅可以利用小鹅通群工具触达用户，将其引流到自己的知识店铺，还可以通过信息采集以及数据分析功能，构建用户画像，对用户进行分群管理，通过差异化运营逐层沉淀高忠诚用户，实现较高的复购率和转介绍率。

3. 支持多元直播课堂

在知识付费直播领域，小鹅通同样也走在了市场的前列。

首先，小鹅通支持大班课、小班课等多种教学场景，以及提供"横屏直播、竖屏直播、语音直播、录播直播"四种模式，尽可能地满足了商家的各种直播需求。

其次，小鹅通支持多人讲师设置、回放设置、转播设置、学员信息查询、互动设置、数据分析等功能，尤其是转播设置，可以将直播视频以推流方式在其他线上平台同步直播,给用户带来便捷的观看体验。

再次,小鹅通支持多讲师连麦圆桌发言,设置画板、PPT、共享屏幕等,极大地方便了教学设计。

最后,小鹅通增强了直播场景的营销能力,拥有连麦互动、直播带货、直播间抽奖、开播提醒、信息采集、直播指数分析等一系列功能模块,充分满足直播带货、圆桌会议、品牌活动等多种场景,打通企业直播营销全链路。

4. 创作建议

小鹅通致力于打造微信生态圈,如果你的粉丝在微信群、朋友圈、QQ空间等地方,那么用小鹅通可以很好地实现付费转化。而且,小鹅通产品的技术能力强,细节人性化,再加上承诺7*24小时服务,5分钟响应回答,这对于做课程内容的小白商家,确实是一个不错的保障。不过,小鹅通是前置收费,标准版一年4800元,开通全部功能每年两万元左右,对于盈利能力不是太强的小V来说,确实需要斟酌。

三、知识星球——深度连接铁杆粉丝

知识星球成立于2016年,原名小密圈,是一款知识社群工具。它能够帮助内容创作者连接铁杆粉丝,打造品质社群,实现知识变现。

截至2021年6月,知识星球已有7万个社群,3000万星球成员。

1. 连接一千位铁杆粉丝

"连接一千位铁杆粉丝"是知识星球的广告口号(Slogan),它源自凯文·凯利的一段文字:任何从事创作或艺术的人,例如艺术家、音乐家、摄影师、工匠、演员、动画师、设计师、作家等,只要能获得一千位铁杆粉丝，就足够生计无忧，自由创作。

知识星球的创始人吴鲁加认为，这句话传递出的精神，非常贴合知识星球的业务。知识星球为知识生产者解决的核心问题，是免费开放内容平台（如微信公众号、微博）、免费私域（如微信群、QQ群、微博群）等收费管理难，以及内容不能沉淀的问题。

因此吴鲁加还认为，有粉丝、爱分享的人，都适合创建知识星球。尤其是微信公众号有10万以上粉丝的人，都有机会在知识星球上获得不错的收入。还有一些畅销书作者，即使现在没有粉丝群，但只要他们有渠道发布消息，让喜欢他的人汇聚到知识星球，就能获得不错的转化率。

2. 付费转化方式

知识星球分为免费星球（免费社群）和付费星球（付费社群）两种。免费星球提供基础服务，主要是建立用户认同和信任，为之后的收费提供铺垫；收费星球为用户提供个性化方案，更有针对性。

在付费星球，未付费用户不能查看星球内发表的内容，只有付费加入后，才能共享知识成果。

星球创建初期，创始人会向自己在其他平台的粉丝发出邀请，后续的用户来源则主要依靠用户的"老带新"。当星主积攒了一定的名气后，也可以培养运营团队，来实现持续的曝光、拉新、转化。

另外，知识星球平台上也开设了发现页面，通过向新用户展示精华内容、推荐星球、展示星球榜单等方式，帮助星主拉新和转化。

3. 社群案例分析

这一小节，我们以"生财有术"社群为例，讲一讲如何做知识星球社群。

"生财有术"是知识星球中的一个付费社群，起步时微信公众号仅有一千多的关注者。那么，社群的星主亦仁是怎么开始的呢？

第一步，通过"热门主题+爆款文章+免费社群"，获得更多用户。

星主在选择主题时，经过再三的思考，确定了"生财有术"这个赚钱主题。虽然看起来有点俗气，但是赚钱是每个人都避不开的话题，大家都想知道赚钱的方法，从中也能引发出许多相关话题。

在启动"生财有术"社群时，星主写出的一篇爆款文章，使大家意识到赚钱的机会来了，星主能帮助大家获得赚钱的方法和能力，再加上当时是免费社群，于是人们纷纷加入。

第二步，启动付费社群，找到最精准的用户群。

免费社群带来了用户和流量，星主就势启动付费社群，并过滤出一批最有执行力、调性一致的用户，为他们提供更贴合需求、更有针对性的知识服务。

在运营过程中，"生财有术"会营造"早加入、早赚到"的紧迫感，比如每加入100人，星球涨价100元；还有鼓励分享、社群分销、推新返现等运营技巧，都运用得非常好。另外，"生财有术"还会定期邀请不同行业的嘉宾做分享，紧盯行业风向，组织大家一起做项目，以及各种线下的读书会、见面会等，给用户们更多的交流机会。

第三步，一旦"生财有术"带给用户足够的信任感，社群内的伙伴们就会主动热情地推荐社群，创造出大量合作机会。

如今，"生财有术"社群已经成为一家拥有几十人的创业公司。近四万名用户付费加入，有一万一千多个主题，四百多位高手分享过内容，在三十四个城市办过活动，甚至还孵化了几个创业公司。

4. 创作建议

在知识星球，生产者和消费者是双向关系，星球成员既是内容的消费者，同时也是生产者，可以分散创作者输出内容的压力，使得星球保持一个健康的发展状态，营造出大家一起学习、一起成长的合作氛围，非常适合处于成长期的中小型知识创业者。

> **链接：** 第三方工具平台，可以帮助知识付费创业者搭载一个属于自己的平台，从店铺设计到课程内容，全部可以自由做主，不受公域平台的规则限制，同一平台也不会有其他机构分流。基于此，小鹅通、知识星球、短书等第三方工具平台的优势就是粉丝黏性大，不易流失；劣势就是前期阶段，需要花较大的力气进行引流拓粉。

从零到一：孵化、生产和运营知识付费产品

随着知识付费行业的不断发展，越来越多的内容创业者和教育培训机构加入其中，打造个人IP和品牌IP，成为知识付费从业者必备的技能。同时，优质的IP，不仅需要优质的内容产品，也需要通过对产品的良好运营来保驾护航，这样的IP才能具有源源不断的市场生命力。

从罗振宇、樊登等超级个人IP,到由他们创造的得到、樊登读书会等IP品牌,以及由品牌所衍生出的大大小小不同的内容产品,当然也包括市面上所有同类型的知识IP和产品,我们既可以看到知识付费欣欣向荣的现象,也能从欣欣向荣的背后看到产品的升级迭代路径和运营,对IP价值和生命力的重要推动及影响。所以,这一章我们就来讲知识付费的IP策划和产品运营。

第一节　知识IP策划：从个人IP到品牌IP

"IP"是英文"Intellectual Property"的缩写，其原意为"知识财产所有权"。进一步引申来说，能够仅凭自身的吸引力，挣脱单一平台的束缚，在多个平台上获得流量，进行分发的内容，就是一个IP。所以IP既可以是一个故事，一个概念，也可以是一个人或者形象，一个好的IP可以延伸出一系列的产品。

知识IP一般分为两种，一种是个人IP，一种是品牌IP。比如罗振宇属于个人IP，得到就属于品牌IP。知识付费企业想要实现品牌化，一般都要经历从个人IP到品牌IP的演变过程。

一、打造个人IP，形成影响力

要打造个人IP，首要的就是要找到自我的精准定位，通过贴标签、立人设，形成自己的影响力，为品牌IP的进一步孵化奠定坚实的基础。

1. 贴标签

在日常生活中，我们常常通过贴标签来定义某个人，比如这个人是"二次元"，那个人是"女强人"，另一个是"中年文艺男"，等等。当一个人被一个词语贴上标签时，公众就会对他形成相对固化的印象，同时他自己的行为也会不自觉地与这个标签的描述相一致。这种现象称为标签效应。

1973年，美国著名心理学家罗伯特·克劳特做了一个慈善实验。他在慈善活动上，将来的人分为两拨，一拨人中，捐款的人被贴上慈善的标签，没捐款的人被贴上不慈善的标签；另一拨人无论是否捐钱都不贴标签。不久后，他又举办了一场慈善活动，结果那些第一次捐了钱并被贴标签为慈善的人，比那些没有贴这个标签的人捐得要多，而那些第一次没有捐钱并被贴标签为不慈善的人比没有贴这个标签的捐钱更少。

为什么会出现这种标签效应呢？

因为贴标签符合最省力原则。人的大脑爱偷懒，总在寻找捷径去认知世界和自我，贴标签可以简单快速地把抽象概念与具体行为联系起来，或者说将人和事归类，当然也更受欢迎。

所以，我们应当主动来设计我们的个人标签，占领别人的心智空间，从而产生更快速、有效的连接机会。那么我们应该给自己打什么标签？我认为有三种。

第一种：角色标签

角色标签就是告知别人，你的角色是什么？你是老师、上班族，还是创业者？角色不同，你的标签也不同。依据所处行业不同，角色标签非常多，比如郭德纲是相声演员，冯小刚是导演，而笔者通常被认为是内容创业者。

当然，为了让你的角色标签更有意思或更专业，也可以写成诸如"非著名相声演员""国际大导演""资深内容创业者"等标签。

第二种：特色标签

针对个人标签来说，所谓特色就是你的个人特质，找到你个人最突出的部分，放大它。举个典型的案例，《欢乐颂》中的五美分别有各自的特色标签：安迪是女精英，曲筱绡是狐狸精，樊胜美是大美女，关唯尔是乖乖女，邱莹莹是傻白甜。

电视剧中的人设是由编剧和导演来设定，而你要打造人设，则完全取决于你自己。如果你主动为自己贴上女精英的标签，那么你的外在和言行就会不自觉地朝着女精英看齐，大家也会认同你为女精英。

第三种：专业标签

要成为人物品牌，就要给自己贴上专业标签。你须在某个领域，有着专业化和职业化素养，能够源源不断地输出专业化的内容，而非昙花一现。努力把自己打造成为专业化的代名词，聚焦一个行业，把专业做深、做透。

比比如罗振宇，早在2012年就开始打造知识品牌罗辑思维，以"死磕自己，愉悦大家"为座右铭，鼓励终身学习，始终立足于读书人的专业化标签，每天坚持发一条60秒的语音，每周至少更新一期读书节目，成为知识付费界的标杆人物。

另外，艾默生曾说过：模仿他人无异于自杀。所以，贴标签的时候，切忌直接模仿他人。我们要知道，每个人都是独一无二的，都可以找到自己的独特标签。

2. 立人设

当我们贴完标签之后，就要立人设了。而人设立得好不好，会直接影响到用户的购买决策。

首先，请大家想一想，用户为什么要买一位老师的课程呢？

在回答这个问题之前，我们可以先来看一个非常有意思的社会现象：某些网红在"双十一"直播的时候可以售卖掉价值近亿元的产品，而有些明星的直播带货却无人问津。明星带货输给网红带货，这又是为什么呢？

从消费心理学的角度来说，明星虽然有很多的品牌效应和信任背书，但是这并不代表明星就能很好地引导用户进行购买，最简单的原因是很多明星不是产品的使用者，而往往是产品的亲身体验者，才能更好地唤起用户对产品的认同感。

在知识付费领域，也同样如此。有时候，并不是由越有名气的老师讲授的课程就会卖得越好，很多用户更关注老师和自己的相似之处，以及他的方法论对自己有没有实质性的作用，进而判断课程会不会对自己产生效果。因此，老师的人设往往需要符合以下三点特点：

第一点，老师有没有经历变化。从普通人到大神的过程，中间经历了多少艰难险阻，这会给用户带来似曾相识的亲切感，原来老师也曾经和我一样，他最后能成功，我也一样可以。

第二点，老师的人设有没有被大众认同过，比如在老师所擅长的领域有来自新闻媒体、政府的认同，或者有自己出版的书籍作为代表作。

第三点，老师有没有自己的心得和方法论。如果老师经历了从普通人到大神的过程，那么他的学习经验和方法将更适合普通学生。因为天才的方法普通人是很难学会的，比如"北大韦神"，这类数学天才有自己独特的解题思路，连北大的学生都直言听不懂，更别说是普通学生了。所以，关键看老师的教学方法是否适合自己的学生，能不能有效地帮助学生。

3. 打造人设

俗话说"光说不练假把式"，贴完标签，立完人设，现在就要拿出实际行动，通过各种方法和途径，打造自己的人设了。

首先，树立专业的职业形象。

职业形象代表着我们的职业修养。简单来说，形象是一个认知过程，形象是别人对你的判断。在树立职业形象时，我们要注意两个方面的修饰：一是着装，二是仪容仪表。

很多人往往不注重着装穿搭，很容易给别人留下不职业化的印象。所以，我们要稳定和强化自己的穿衣风格，并且在各种场合都能体现风格匹配，这就很容易给别人留下好的专业人设。

其次，要注意言谈举止。

既然是老师了，那就更要注意自己的言谈举止，否则说错一句话，就可能毁了自己千辛万苦打造出来的IP。

在平时与别人交谈时，尽量用积极正能量的词语表达观点，不要总说负面的词汇和用语。同时要在仪态上多注意规范，尽量大方得体，不要有太多的小动作。

然后，不断提升内在修养。

除了看得见的人设形象，更重要的是看不见的内在修养的锻炼。

俗话说："腹有诗书气自华"，一个修养高的人总是彬彬有礼，尊重他人。展示出好的工作态度和精神风貌，往往会得到别人更多的尊重，也有利于人设的树立。

最后，经常出现在公众视野中。

做知识付费，要经常宣传自己，可以通过写文章、拍视频或者演讲的方式，总之要不断地提高自己的曝光度，这样才能持续地收获用户。

这一点，我们可以学学马云。在刚开始创业的时候，他还没什么名气，就是到处跑，利用公众演讲的机会，不断地推荐他的电子商务，最后让电子商务走进了千家万户。

二、打造品牌IP符号，让知识品牌深入人心

品牌符号是区别于产品或服务的基本手段，包括名称、口号、象征物、代言人等识别元素。它是形成品牌概念及品牌IP的基础，与个人IP一样，在品牌与消费者的互动中发挥着重要的作用。

1. 起好品牌名称

美国可口可乐公司前任总裁伍德拉夫曾说：即使有一天，公司在大火中化为灰烬，只要可口可乐这个品牌在，第二天早上，企业界新闻媒体的头条消息就会是各大银行争着向可口可乐公司贷款。

所以，名称是品牌的脸面，名称取得好，不仅很容易让人记住，而且还有助于品牌影响力的形成。

在知识付费行业中，"罗辑思维"和"吴晓波频道"的名称就很好地突出了"人"的角色，展现主讲人特点。

"罗辑思维"与"逻辑思维"谐音，读起来朗朗上口，有利于受众记忆，同时将"逻"字替换成"罗"，将罗振宇这样一个接地气的"罗胖"形象加入其中，以"普通人"的身份传达渊博知识和独特观点，形成了其独具特色的"罗氏风格"。

吴晓波频道的主讲人吴晓波，从事财经领域的专业报道30多年，其财经领域的专业写作能力和丰富的业界资源已经使他成了一个鲜活的"魅力人格体"。与"频道"二字相关联，也是巧妙地与媒介素养相结合的表现。

因此，对于有志于做知识付费品牌的创业者来说，在品牌取名的时候，将自己的名字融入其中，既可以与自己的个人IP相呼应，也可以为品牌IP持续提供助力。

2. 创造品牌口号

品牌口号（Slogan），是链接品牌与消费者的核心信息之一，也是企业理念的浓缩表达。

好的品牌口号，不仅能将企业自身的核心竞争力转化为可以帮用户解决具体问题的话语，同时也时刻提醒创始人与团队，为用户提供好的服务或产品。比如丽思卡尔顿酒店的口号——"我们以绅士淑女的态度为绅士淑女们忠诚服务"，这句口号在丽思卡尔顿酒店的发展中得到了完美的执行，也为企业的发展立下了汗马功劳。

在知识付费领域，吴晓波频道的品牌价值观是"认可商业之美，崇尚自我奋斗，乐意奉献共享，拒绝屌丝文化"，这也可以看作是它的品牌口号。商业和精英是吴晓波的标签，奋斗、奉献、共享也都符合知识经济时代的主旋律，所以这样的品牌价值观也帮助了吴晓波频道，在短短几年的时间汇聚了几百万的"新中产"。不过，这个口号相对太长，不便于传播，用户很难记住，用吴晓波的另一个口号"崇尚商业之美，拒绝屌丝文化"似乎更为合适。

得到的品牌口号是：知识就在得到，和你一起终身学习。首先，这句话读起来朗朗上口，便于记忆；其次，话里面带品牌名，让用户记住了品牌，以及与知识的联系；然后，和你一起终身学习，表明得到做知识付费这件事是很认真的，还说明无论是得到的老师还是其他同学，大家都已经建立了互帮互助的连接，大家共同学习，成就美好人生。

3. 打造视觉符号

现代营销理论的奠基者艾·里斯先生在为劳拉·里斯所著的《视觉锤：视觉时代的定位之道》撰写的序言中提及：在一个信息过度的社会里，消费者很少会记得定位口号，无论语言组织得多么巧妙。如果消费者没有记住你的信息，一切都将没有价值。

因此，将一个品牌概念植入消费者的心中，最好的办法不是依靠文字，而是靠具有情感诉求的视觉符号。

视觉具备更直接的情感力量，这是文字和声音所欠缺的。比如肯德基的老爷爷、可口可乐的北极熊、腾讯的小企鹅等，看到他们的形象，我们就会联想到这些品牌，以及他们的产品所伴随我们经历过的美好时光。所以，知识付费品牌要做强、做大，视觉符号必不可少。

巴九灵是"吴晓波频道"中的视觉符号，它是一只蠢萌蠢萌的萌宠，以卡通图像和人偶的形式活跃在"吴晓波频道"的各个节目及线下活动中。巴九灵还有一个谐音"890"，代表了80后、90后、00后的年轻一代，这也是吴晓波频道的主要收看人群和目标人群。

在脱口秀节目中，人偶巴九灵负责吐槽、搞怪和提问，用轻松幽默的方式调节气氛。吴晓波在一次接受访谈中指出"其实我们这档节目主要就是为了捧红巴九灵。"这句话的意思是，节目是有意识地通过将巴九灵植入到频道的各个方面，打造巴九灵品牌，使巴九灵的视觉符号形象深入人心。

再比如得到APP的品牌LOGO"猫头鹰"，其实这个标识是由三个元素组合而成的：APP图标、盾牌校徽，以及猫头鹰形象。在希腊神话中，雅典娜是古希腊的智慧女神，而为她负责消息来源的圣鸟就是猫头鹰。

从古希腊神话《伊利亚特》到今天的《小熊维尼》《哈利·波特》等现代作品，其中都有猫头鹰的身影，可以说人类已经把猫头鹰描绘成智慧的象征，成了一种文化符号。所以，秉持着陪伴用户进行终身学习观念的得到，与象征着知识和智慧的猫头鹰相得益彰。

但是，很多人不知道的是，当这套方案刚刚发布的时候，却遭到了得到内部员工的强烈反对。大家都觉得这个猫头鹰不太好看，甚至可以说丑。但罗振宇却说："这个猫头鹰LOGO打算使用100年。因为它的刺激度足够大。"

后来，对于为什么会接受猫头鹰LOGO的方案，罗振宇还专门在例会直播中总结了10点。其中有6点，我觉得非常值得思考和借鉴：

（1）设计的目的不是为了让一个东西好看，为了好看只是很低级的目标，本质是这个设计有没有降低认知负担。

（2）对于一个品牌LOGO来说，最核心的功能就是刺激，用能不能记住、刺激能够达到什么量级，来判断是不是一个好LOGO。

（3）得到猫头鹰LOGO的特点就是眼睛大。我们作为生物，大眼睛是天然有刺激性的。

（4）好的刺激叫作"播传"，就是你看到之后，这个符号就在你脑子里被印刻下来，赶不走，还能在脑子里不断重复。

（5）审美在一百年里足够产生好多轮变化，美丑先放一边，我们首先判断信号刺激大不大。

（6）一个新物种诞生了，它有缺陷，但是它会随着我们的努力而永存。

另外，再比如我们字节有趣的品牌LOGO"蛐蛐君"。字节有趣之所以创作这个"视觉符号"，一是"蛐蛐"与"字节有趣"的"趣"是谐音字，符合互联网时代的"谐音式"传播特征。二是蛐蛐，又称蟋蟀，促织，促织由与"促知"谐音，以知促行，以行促知，知行合一，这也符合知识付费品牌IP的定位。三是"蛐蛐君"的LOGO形象，同样也是由三个部分组成，分别是铅笔（代表写作）、播放/暂停按钮（代表音频、视频节目制作）、书本（代表图书策划）。而这三个部分组合在一起，也构成了"蛐蛐"这个LOGO形象，象征着字节有趣在内容领域和知识付费方面的开拓进取。同样，字节有趣的儿童教育品牌夜鸣虫童书馆，夜鸣虫也是蛐蛐的别称，形象也是取的小蛐蛐的模样，设计由代表学问的"眼镜"和书脊同款线条的大长腿组成，无处不展示着品牌的设计和新意。

> **链接**：知识IP，从打造个人IP到打造品牌IP，其实也是一个去个人化的过程。因为企业文化不等于个人文化，再优秀的个人，都无法代替一个优秀的团队。况且，一个知识品牌如果过于依赖个人，很容易因为个人的负面言论和行为，影响到整个团队和企业的发展。

第二节 知识产品运营

运营，是指一切用于连接用户和产品，并产生产品价值和商业价值的手段。运营一般包含内容运营、用户运营和活动运营三大部分。根据产品不同，运营手段也不相同。对知识付费行业来说，内容始终是产品的核心，所以知识产品的运营可以分为两大部分：一部分是内容运营，即打通内容的进阶路径，不断地使产品内容更新迭代，满足受众日益增长的知识需求；另一部分是用户运营和活动运营的结合体，即流量运营，通过公域流量和私域流量，尤其是私域流量，建立属于自己的知识付费社群，使产品获得更多、更好的付费用户。

一、内容运营——打通内容的进阶路径

内容运营，指的是运营者利用新媒体平台，运用图文、影音等形式，将产品内容呈现在用户面前，并激发用户参与、分享、传播的完整运营过程。对于知识付费产品来说，内容运营的核心可以一言蔽之——持续为用户输出有价值的内容。所以，这也决定了许多知识产品和知识节目的生产，与用户这一角色紧紧地捆绑在了一起。

1. 边生产边发布

边生产边发布，是知识产品由互联网延续而来的基本属性。我们都知道，传统的知识产品，比如图书，一本书的问世往往要经过图书选题策划、选题报批、组稿、编辑、审稿、申报书号、确定印数和定价、申报CIP和实名制、设计排版和印刷等步骤。整个流程走下来，一般要3~6个月，如果中间任何一个环节出现问题，整个周期就会加长。

在知识经济时代，不但互联网技术快速发展，知识也在不断地更新迭代。图书出版的生产逻辑正在逐渐走向知识创造的逻辑。在各种新兴传播技术和平台的驱动下，互联网与知识的结合，一方面是以新形态重新生产原有的"存量知识"，另一方面是以新方式生产新的"增量知识"。如果花好几个月去完成内容，再进行发布，要么红利期已经过去，要么知识已经落后了，即使在平台上线，也没有什么效果。所以，知识内容或者说知识专辑，要像韩剧、美剧那样生产，一边拍一边播。这样不仅能抢占市场先机，还能把观众的意见加到剧集中，最大限度地提高观影效果。另外，用这样的方式生产内容，也能更好地捕捉当下的热点，有时候一期热点节目的火爆，就能改变整张专辑，乃至整个团队的命运。

例如《口才三绝 为人三会 修心三不》，就是采用的边生产边发布的模式。

在最初策划的时候，节目的主创人员也无法预料到这张专辑后来的火爆程度，如果贸然投入大量的人力、物力、财力，花几个月的时间去制作，那么对主创人员来说无疑是一场冒险。再者，这张专辑的定位决定了它要比一般的知识付费节目更需要紧追热点选题。而且，对主创人员来说还有一个很重要的问题，那就是时机。当时，一方面各大知识付费平台上的个人成长内容都很火爆；另一方面也是因为在喜马拉雅音频平台上，缺少最新的制作精良的原创类个人成长专辑。很多人还是反复收听几年前的《好好说话》《蔡康永的201堂情商课》，这个时候如果有一张新的同类专辑问世，无疑会迅速吸引他们的注意力。所以事不宜迟，主创人员决定采用边生产边发布的方式，来制作这张专辑。

首先主创人员根据节目的定位设计了内容框架，列了前二十集的大纲，接着又根据大纲写了二十期的稿子，经过主播录制、后期制作，以及其他物料的设计，这样大概花费了将近一个月的时间。即使上线结果不尽如人意，大家也能及时止损。

于是，主创人员上线了十期节目，留下十期以作之后两周更新所用，同时一边继续创作，一边观察用户反馈。当发现流量数据越来越好时，大家边生产边发布的动力也就越来越足，一个正能量的循环由此形成。

2. 强化参与感

互联网时代，知识产品与传统图书不同。过去我们获取知识是相对静止的，比如我们买回来一本书，一般都是自己默默地阅读，读完也就结束了。偶尔做个笔记，写个读后感，可能会给作者写一封信，但通常不知道寄到哪里，就算有寄送地址也很难得到回应。

而在知识付费时代，用户可以在第一时间表达自己的看法，反馈自己的意见，且能被其他用户和作者看到，所以用户的参与程度变得更加强烈。而且，在教与学的互动中，他们还会创造知识，优秀的内容直接会被作者引用到课程中，这打破了传统的知识传播自上向下的单一性，变成了一种双向、多向的交流。而这也使用户更乐意为课程付费。

对于用户来说，以下两种方式更容易强化他们的参与感，从而实现付费。

1)给用户留下思考题

在传统的线下课程中,比如我们去参加一场讲座,尽管老师讲得非常好,我们当时也能够沉浸其中,但如果仅仅是听讲而已,之后没有任何的思考,也不用交作业,那么我们不仅很快会忘记这堂课都讲了什么,也很难被讲授老师以及他之后的讲座持续吸引。

在互联网环境下,这种情况更加严重。因为用户有很强的惰性,听完一节课后很难去主动思考。没有主动思考,没有参与感,就没办法建立知识上的内在联系,讲课的老师也就无法对其形成持续的影响。所以,一定要主动邀请用户去思考。

例如,《持续行动》的作者Scalers老师创办的一项读书活动,主要提供的内容就是每天打卡,集体学习,自己读书,回答问题。如果用户回答不出问题,就会直接被踢出群,再次入群要求提交3000字以上的思想汇报。看似简单粗暴的规定,反馈却非常好。俗话说"亲者严,宽者疏",用户把Scalers老师视作一个表面严厉、内心充满爱的"前辈",自然也愿意来与他接近,听他的话,买他的课。

当然,如果我们没有Scalers老师的"严格人设",内容主题也没有达到一定的深度,我们也可以把思考题的规则定得简单一些,比如《口才三绝 为人三会 修心三不》每期节目最后会有1~2个思考题,引导用户思考答案,吸引他们不断地深入了解节目内容,持续地听下去。

2)引导用户提问

与回答问题相比,提出问题更能体现用户的参与感,以及其对老师的兴趣和认可度。同时,当一个人主动提问,也证明他真正地将课程内容听进去了,才会进一步地提出问题。而老师回答问题的过程,对双方来说也是一次很好的互动。创作者付出时间和精力回答用户提出的问题,这样也有助于产品的改善,为用户提供更优质的服务。所以,我们一定要学会引导用户提问。

当下，很多社群课都会专门设置集中的答疑时间，还有像知识星球这样的平台，向创作者提问是一项核心服务。而创作者要想鼓励更多的用户提出更多的问题，一方面要提升自己的讲课水平，在课程中加入更多的痛点，以刺激用户提出自己的问题；另一方面，要多鼓励用户，告诉他们提问的重要性，使他们通过提问一步步取得进步，继而与创作者形成更深入的互动，甚至参与内容创作，实现双向互动，共同成长。

3. 根据用户反馈，优化迭代内容

在内容运营中，根据用户的有效反馈，能够更好地开发有针对性的课程，实现内容的不断优化迭代。

例如在行、分答联合创始人曾进，在详解30分钟精品课的分答小讲中就提到，通过对用户问题进行反馈，分答发现用户更关注解决个人实用性问题，比如小白如何理财、如何和上司沟通等。那么，我们应该如何获得用户对内容的反馈呢？

1) 关注简单行为

不论图文类的内容还是音视频内容，都可以通过点赞、收藏等简单行为来知晓用户是否喜欢，这也是许多平台重要的算法推荐因素。

当用户听到或看到了自己喜欢的内容，并为之兴奋时，他自然就会点赞或收藏。但是，这类简单的行为往往只能反映内容里有用户感兴趣的"点"，比如个别文字、观点、图片等，无法判断内容整体对用户是否有吸引力。

现在的网络大数据技术能追踪到用户在读过哪个段落、看过视频中哪个片段之后，进行了点赞和收藏行为，这就能使创作者知道哪一部分的内容吸引到了用户。

再者，如果超过半数的点赞行为都是发生在内容的某一个点上，这就是观众的兴趣标签，也是创作者应该继续深耕的方向。

另外，还有完播率可以作为参考。比如抖音后台的参数中有完播率一项，可以看到观众是在观看视频的第几秒跳出的，从而指导创作者进行优化。

2）互动行为

相比简单行为，留言、赞赏、转发等"成本更高"的互动行为，更能彰显出用户对于内容的关注或认同，也能为创作者的内容迭代提供重要参考。

比如留言。通过用户的留言时间，我们既可以找出最佳发布的时间，也可以判断平台的算法机制；通过用户的留言字数，我们能判断他们对内容的共鸣程度。如果只是"好""不错""太棒了"这种简单的词语，而没有详细内容，一方面反映出内容可能较为简单，一方面也反映出观众的水平相对初级。

比如赞赏。如果某一篇内容得到的赞赏数较高，那无疑这就是观众喜爱的。如果赞赏数量比较平均，那则证明内容总体质量保持在一个水平线上。

比如新增关注。如果新增关注是持续出现，证明账号已经开始稳步增粉；如果新增关注集中在某篇文章或某期节目发布之后，则说明该内容有"爆款"的潜质。

再比如转发和下载。如果某篇文章或某期节目的转发或下载比较多，则证明它会被多次传播。但创作者要尽可能地注意到这些行为，比如：抖音内的视频转发到微信上传播的行为能不能被监测到？怎么统计数据？这都是要人为思考和操作的。

3）关注互动内容

关注互动内容是更深一层的基于用户反馈要做的内容分析。包括分析用户的留言、私信、转发文案等。

如果有时间或者用户不多的情况下，我们可以一条条地看留言、私信和转发文案，看用户具体都说了什么，对内容有哪些评价，认为哪些方面讲得还不够具体，哪些地方不够精彩，等等。

同时我们也可以把这些互动内容做一个总结，划分成几个维度，甚至每个维度给出一个评分，低分项是重点要提升的方面，高分项则是要保持的方面，而用户疑问最多的方面，就是我们下一篇内容的选题。

4）关注用户画像

用户画像，即用户信息标签化，简单来说，就是我们的内容最吸引的哪类用户。我们可以进一步地分析用户，通过查看用户信息页面，来了解他们的基本资料，包括：性别、年龄、从业经验、关注的其他话题，等等。假如你发现该用户关注了你擅长领域的多个话题，那么你们的"兴趣标签"就是高度吻合匹配的。

当你观察了20个以上用户后，就能大概勾勒出内容所吸引的用户的画像了。

二、流量运营——打通公域流量与私域流量

流量是指在一定时间周期内，人们通过不同的数字设备（例如手机、电脑、智能产品等）访问网络服务时所产生的数据交换量。

从互联网诞生的那一刻起，"流量"也随之产生。如果我们将互联网比作是一条双车道的高速公路，那么这两条车道分别就是信息流和用户流，而用户流就是我们所说的"流量"。

所以，流量的背后是用户，其本质是用户的注意力。流量运营就是通过信息和用户的交互，来获取用户注意力的过程。

近几年，在诸多互联网流量平台的驱动下，很多知识品牌不仅在疯狂地捕获广泛的公域流量，同时也在通过各种技术手段，欲将这些公域流量转化为私域流量。而公域流量和私域流量也成为最火的两个流量概念。

1. 公域流量与私域流量的区别

公域流量也叫平台流量，它不属于单一个体，而是为集体所共有的流量。常见的公域流量平台分为五大板块：

电商平台（淘宝、京东、网易考拉等）；

内容聚合型平台（腾讯新闻、网易新闻、今日头条等）；

社区平台（微博、知乎、简书等）；

视频内容型平台（腾讯视频、爱奇艺、抖音等）；

搜索平台（百度搜索、360搜索等）。

基于此，我们也就知道，对于知识付费商家来说，公域流量的特点是只能以付费或活动等方式，在满足平台规则的原则下获取流量。因为商家没有支配权，只能跟随平台的发展顺势而为，且流量始终是属于平台的，商家稍有过分的营销嫌疑就会被封号，所以留存率也比较差。

如果商家想要获取流量，就必须花钱购买，平台会根据付费的级别来定制推送计划，结果是不仅要支付高昂的费用，而且效果也不见得有多好。比如我们在百度上做推广，想利用百度的流量来增加微课的曝光度，但是每天使用百度的用户来自各个阶层、各个岗位，需求五花八门，可能100个访问用户中，只有1个是具备目标用户条件的，所以平台流量不能精准地指向目标用户所在的群体。

与公域流量相比，私域流量就要划算得多了。

私域流量指的是商家或个人自主拥有的、无须付费的、可反复利用的、能随时触达用户的流量。私域流量并不是一个新生事物，比如之前社交媒体还没普及的时候,私域流量就是客户的联系方式(手机号、邮箱、住址等),想要联系他们时,可以打电话、发短信、发邮件,甚至往客户家邮寄样品进行体验。

随着时代的进步,如今的私域流量是一个完全属于"你"自己的私人地盘。这些流量存在于公众号、微信好友、微博、微信群、社群、朋友圈、抖音等社交媒体里,它是一切你可以随时掌控的私人流量池,聚集的是你的粉丝、客户和潜在客户。

但是,也有专家认为,公众号、抖音号、微博号等社交媒体属于公域流量,至少还不算是完全的私域流量。因为这些流量虽然是沉淀到你的账号里,但是你难以自由地触达,中间还隔着一层。比如说你发布一个知识产品,你可以在QQ群、微信群当中,自由地和任一个成员沟通,收集建议。但是在抖音、公众号等平台却会被官方规则所限制,不能够自由地触达用户。所以,基于此,真正可以自由触达的私域流量具有以下几个特点。

一是更可控。比如,将抖音、喜马拉雅中的用户导入我们自己的微信群、企业微信,甚至个人微信中,就可以后续进行更加有针对性的服务,流量也将变得更加可控。

二是更省钱。私域流量是免费的,比如建微信群、QQ群都是不花钱的,把用户引入其中,可以更轻松地去做活动,获取曝光。

三是方便沟通反馈。如果我们想要通过公众号或抖音与粉丝互动,基本上要靠留言评论,双方很难及时、无障碍地沟通。而通过QQ、微信或者社群,都可以自由地进行交流。

四是便于品牌维护。我们虽然通过公众号来塑造品牌形象,但是要维护好品牌形象,则更需要用户被感知。微信或社群可以让用户近距离地感受企业服务,让用户有问题可以及时地进行沟通反馈,甚至是进行一对一的服务,这有利于品牌传播。

2. 私域流量的引流方法

从公域流量往私域流量引流，根据平台的不同，需要运用不同的方法和技巧。具体应用如下：

1) 图文平台引流（公众号）

一般我们可以根据公众号同用户的接触点来设计方法。

首先我们可以设置公众号自动回复。包括关键词回复、收到消息回复和被关注回复。回复的内容便是微信号或包含微信号的图片，并在内容中引导用户添加微信好友。

其次我们可以利用菜单栏。例如在菜单栏里直接添加上联系微信，或者通过设置一个引流诱饵，如送一个资料包或其他东西，吸引用户主动添加微信好友。

然后我们还可以利用文章来引流，在文章中加入可以添加微信好友的信息。值得注意的是，一定要给别人一个加你为微信好友的理由，或者一个不得不添加你的理由。

2) 短视频平台引流（抖音）

首先，通过简介来引流。我们可以开设多个抖音小号作为矩阵，把账号简介打造得尽量吸睛、垂直，同时展示微信号或知识店铺信息，引导粉丝添加或关注。

其次，通过评论区来引流。我们可以通过定期更新优质的短视频，提高账号的活跃度，并在讨论区引导粉丝关注主播的个人微信或知识店铺。

再次，通过商品橱窗来引流。我们可以在抖音商品橱窗上架与课程配套的材料，并告诉用户：材料包含实体教材和在线课程，用户购买后会收到实体书籍及印制在礼品卡上的课程兑换码，扫描兑换码，即可进入知识店铺中免费领取课程，开始学习。

最后，通过定期进行直播讲座来引流。我们可以通过直播时与粉丝互动，让他们充分感受到课程的含金量，提高他们的信任感，从而实现精准高效的引流。

3）音频平台引流（喜马拉雅）

首先，我们可以在音频平台发布免费的优质课程，吸引新用户，打造长尾流量池。

其次，我们可以用免费资料、免费性格测试等，获取用户线索，通过引导用户添加助教微信，将流量导入私域流量。比如喜马拉雅FM，是少见的允许在音频详情图页面里添加微信公众号二维码、个人二维码的渠道。

我们可以在课程下添加助教微信号，通过"免费领取配套纸质教材、电子资料"，以及社群答疑服务作为福利吸引，引导用户进入知识店铺配套社群。

4）在线学习平台引流（腾讯课堂）

腾讯课堂的优势是可以直接与QQ群进行关联。我们可以在课程详情页展示QQ客服群及客服个人微信号，用户加入后进一步引导其关注公众号；也可以在公司介绍处直接展示公众号信息，引导学员关注。

> **链接：** 如果说公域流量是互联网的大江大河，我们的鱼虾（用户）在其中具有不确定性，很容易被水流冲走，那么私域流量就是品牌自建的水库，将之前分散流动的鱼虾（用户）聚集在自己的地盘，然后让他们在这里不断地繁衍成长。虽然私域重要，但是也要重视公域的作用，只有自己公域（比如抖音）中的粉丝足够多，我们才能把足够的粉丝转化到私域（比如微信），二者相结合，才是一个完美的增长方案。

他山之石：成熟知识明星多元变现实战分析

剧作家萧伯纳有句名言："知识不存在的地方，愚昧就自命为科学。"在当下，越来越多的清醒者开始敲响娱乐至死的警钟，而不跳舞、不唱歌、不讲段子、不拼颜值，只拼知识的知识明星的出现，如同一股清流，净化着互联网的空气和氛围。

每一个时代都有自己的明星。随着移动互联网时代的快速发展,各种新知识、新技术、新思维不断涌现,冲击着人们的认知和价值观念,也让更多人有了"不学习就会被时代抛弃"的担忧。因此,知识明星或知识品牌就有了茁壮成长的空间。

早在2016年知识付费元年,就有73家相关公司先后成立,而根据《「求知」2.0时代——2021中国泛知识付费行业报告》显示,截至2021年10月,全国知识付费企业(包含产业上、中、下游参与主体)已有3763家。各平台的知识博主更是不计其数,比如抖音,截至2021年8月抖音已有超过1.5亿知识创作者,可见知识内容的受欢迎程度。所以,这一章我们就从头部IP、品牌创业者、学科意见领袖和草根知识明星这四个维度,来为大家做一个"知识明星"的深度盘点。

第一节　头部IP：名人，自带流量，影响力强

这里我们讲的知识付费头部IP，指的是那些只要一说出他们的名字，大家都知道的、如雷贯耳的人物和品牌。头部IP不仅是个人IP，他们是名人，自带流量，有影响力，甚至是平台的当家主讲人，同时也是品牌IP的缔造者，在品牌崛起和发展的过程中起到了重要的作用。比如家喻户晓的"知识付费巨头"：罗振宇和樊登。

一、罗振宇——资深媒体人的转型

罗振宇，1973年1月出生于安徽省芜湖市，先后毕业于华中科技大学、中国传媒大学。博士，资深媒体人，得到APP创始人，现任《罗辑思维》《时间的朋友》《知识就是力量》等节目的主讲人。

创业之前，罗振宇曾就职于中央电视台，他先后担任过《商务电视》《经济与法》《对话》等栏目制片人。后来电视观众不断流失，新媒体的影响力不断扩大，于是2008年罗振宇选择了辞职。

离开央视后，罗振宇加入《第一财经》，在一档名为《中国经营者》的节目中担任主持人，走的还是传统路线。直到2012年，他与人合作打造知识型视频脱口秀《罗辑思维》。半年内，这款视频脱口秀由一款互联网自媒体视频产品，逐渐延伸成长为全新的互联网社群品牌，在优酷、喜马拉雅等平台播放超过10亿人次，微信公众号粉丝超过百万，至此他才算成功完成转型，开始了互联网知识付费领域的深入探索。得到APP便是他深入探索的产物。

1. 得到APP的成功原因

得到APP的服务内容包括但不限于音频听书、电子书、电子商城、学院课程等。据得到招股书称，截至2020年3月31日，得到APP的月活跃用户人数超过350万，累计注册用户数2135万，累计激活用户数超过4000万。

1）前期粉丝积累

在得到APP创立之前，罗振宇已经精心运营《罗辑思维》节目三年。在得到APP独家播放之前，《罗辑思维》已经有205集，粉丝突破千万，在互联网经济、创业创新、社会历史等领域制造了大量现象级话题。而且，从2012年开始，罗振宇坚持每日为粉丝推出一条60秒语音，风雨不停，雷打不动，极具话题性，也使他成为知识付费界的标杆性人物，为得到APP注入了起飞动力。

2）趋势而为

得到APP创立之初，恰逢2016年知识付费热潮。由于前期的付费阅读和打赏模式对用户的渗透，用户对于知识付费的认知已逐步培养起来，加上移动支付的普及，房价上涨导致的竞争力危机，知识付费模式在这一年爆发。值乎、分答、喜马拉雅FM、知乎Live等知识付费平台迎来井喷，内容型平台都开始接入知识付费模块。得到算是在最适合的时机切入了这个市场，并以优质内容打造了强力IP，通过严格筛选、打造精品营造了良好的用户口碑。

3）产品控制

要保证优质内容，必须要做好产品控制。为了保证课程的权威性及可持续性，得到设立了专门负责教研和品控的机构——总编室。该团队主要成员来自中宣部新闻阅评团队、央视新闻中心、新华社等机构。

同时，得到还推出了一套完整的品控规程——《得到品控手册》，对课程教研的所有环节做出了实效性高、标准严格、细节全覆盖的详细规定。对怎么制作课程，怎么做现场演讲，怎么做年度专栏，甚至频道怎么运营，这些很难界定标准的内容，进行了全方位的规范。而《得到品控手册》向市场的推出，既让用户看到了得到的实力，也为从业者提供了学习和参考，为品牌发挥了很好的背书作用。

4）深耕内容

得到 APP 产品的定位是中产阶级，讲课的老师都是行业大咖、企业高管、教授、学者等。比如北大教授薛兆丰、润米咨询创始人刘润、硅谷投资人吴军等。

并且，得到对讲师的要求也非常高。讲师讲课的姿态，说话的语气语调，内容录制时的清晰和顺畅度，内容的信息量和复杂度，以及其是否能匹配用户的阅读和收听场景，这些都有严格的要求。而一旦讲师本人的授课内容和录制音频无法达到标准，均一律重新打磨录制，甚至最后被淘汰。

比如广告界大神小马宋老师，在得到刚刚上线后曾经尝试着跟得到打磨一个知识付费专栏，但历经数月，最终该栏目因品质达不到得到团队的要求而夭折。据他所说，得到在上线第一年时，签约的付费订阅专栏作家和最终能够上线的专栏数之间，至少是 7∶1 或 8∶1 的关系。

由此可以看出，得到 APP 在内容产品的打磨上是多么地认真和有匠心，这也是他们能成为行业标杆的重要原因。

2. 得到 APP 的运营模式

1）用户运营

在用户激活方面，得到 APP 运用了"新人大礼包"，以及"课程均可任选5节免费体验""电子书均可在任意位置免费试读10%"等多种策略，降低了用户的决策门槛，让其以低成本体验产品服务，对产品形成初步的价值认知。

在搭建用户激励体系方面，得到APP通过"学分计算、学习时长记录、阶梯式勋章获取"等机制，激励用户保持积极主动的学习兴趣，持续、深入地使用APP，将更多的数据沉淀到产品中，这样用户就能持续地使用产品。

2）内容运营

在内容规划上，得到APP走的是精品路线，通过邀请各领域的知识大咖，大家共同打磨内容，出品课程。通过大咖的专业背书，不仅给产品带来持续性的关注度和更大的用户号召力，还增强了得到APP的用户信任度，建立起了品牌精英人设。

在内容形式上，得到APP以音频为主、图文和视频为辅。所有自媒体节目，在突出短语音的前提下，进行了全媒体化。把"听书"设置在主界面的重要位置，体现了语音优先。之所以这样做，首先，音频限制场景较小且私密性强，用户可利用通勤、做家务、健身等碎片化时间，随时随地汲取知识；其次，相较于文字，音频通过语气、音色、节奏等能传递出更加丰富的信息，更有利于讲师的人格展现，以及与用户情感连接的建立。

3）品牌运营

在品牌宣传方面，得到APP团队有多项行业创新举措。比如公司例会直播、跨年演讲、跨界艺术展等。

从2015年开始，每年的"时间的朋友"跨年演讲，是得到最重要的品牌宣传。死磕自己、愉悦大家的罗振宇，与用户约定了二十年的跨年演讲期限。它就像春晚一样，在年前和年后的一段时间里，都会紧紧地吸引用户的注意力。

自2016年9月开始，得到APP团队每周会对例会内容进行一次直播，向外界公开运营数据，并透露公司最新动态。与此同时，得到APP也会定期推出知识发布会，推出最新的知识产品。

3. 得到APP的变现模式

得到APP的变现模式主要有以下三种。

1) 线上知识服务

"得到"APP向用户提供线上知识服务，以"课程""听书""电子书""训练营"等知识产品为主要交付形式。

课程为用户提供各个学科的优质音频课程。课程主要是付费订阅专栏模式，价格在19.9元~299元不等。

听书为用户提供书籍的解读服务，付费方式包括为用户提供单本听书购买或会员订阅；电子书为用户精选阅读内容，付费方式包括单本电子书购买或会员订阅。

训练营的产品不是很多，主要是沟通和写作，比如《得到·沟通训练营》《得到·职场写作训练营》《得到·给管理者的沟通训练营》，价格分别是1999元、2999元、3999元。

另外，得到APP的会员费是一年365元，享受1000本好书解读、2000本全网热门有声书以及30多个大咖精品课的知识服务，整体来说还是很划算的。

2) 线下知识服务

得到APP线下知识服务包括得到大学、跨年演讲、线下课程及知识发布会。

得到大学，也称得到高研院，学员来自各行各业，以跨界学习为目标，在线上完成课程内容的学习，在线下进行各自专业领域的经验交流和实践转化。一年两期，分为夏季班和秋季班，每班50~80人，每期学费19800元/人。

"时间的朋友"跨年演讲从2015年开始，每年12月31日至次年1月1日在一线城市举办，同时在地方卫视和国内网络视频平台播出。演讲内容由内容策划团队集体创作，为用户总结过去一年创新创业领域的学习心得。跨年演讲的收入主要包括门票、赞助费和版权费。以2020跨年演讲为例，总收入为5809万元，其中门票收入为1208.83万元，赞助收入为3939.81万元，版权收入为660.38万元。2022年跨年演讲在成都举办，由于疫情原因，观众无法进场，门票收入为零。

另外，得到APP还会不定期举办线下课程，主要以得到APP课程讲师面对面授课的形式进行，价格不菲。

3）电商业务

得到APP电商业务是知识服务的配套业务，主要销售实体图书、"得到阅读器"和周边产品，有得到APP商城板块、微信商城、天猫和京东等多个销售渠道。

其中，得到阅读器于2019年11月开始销售，2019年、2020年及2021年1-6月销售收入金额分别为1610.51万元、2224.32万元和1907.68万元，占电商业务销售收入金额的比例分别为18.69%、33.63%及27.56%。

二、樊登——央视主持人的转型

樊登，1976年出生于陕西西安，西安交通大学工学学士、管理学硕士，北京师范大学电影学博士。大学期间，他获得过全国名校辩论邀请赛冠军、全国大专辩论会冠军、国际大专辩论赛冠军等荣誉。

2001年樊登加入中央电视台担任主持人，曾主持《实话实说》《12演播室》《三星智力快车》《财智时代》等节目,收视率欠佳。于是,樊登辞去了央视的工作,到北师大读博,又在北京交通大学找工作,做起了教书匠。

在大学教书时,樊登听到一件令人匪夷所思的事:一个大老板,每月花4万块钱,请了两个老师,在他早上跑步时给他讲书。樊登敏锐地察觉到一个问题:现代人的生活太忙,想读书进步但没时间,所以才催生出花上万块的代价去请人读书的事情。于是,樊登以此痛点为切入口,于2013年正式成立"樊登读书会"。2015年樊登读书APP正式上线,2018年"樊登读书会"正式更名为"樊登读书"。

1. 樊登读书的产品特点

1)产品高度聚焦

樊登读书的核心产品是"樊登讲书"。与当前市场上其他主流的付费音频产品多是订阅合辑不同,樊登读书的产品高度聚焦,用户可以依照自己的知识需求和兴趣偏好,选择订阅某一知识生产者的一系列知识产品。其核心产品"樊登讲书"采用的是讲书稿的形式,输出的内容专注于书籍精华。通过一个小时左右的时间为用户精讲一本书,辅以音频、视频、图文、导图多维度地巩固学习内容。同时,樊登读书考虑到频次增大会给用户增加接收压力,容易降低用户的成就感,所以以一年52本、一周一本的频率向会员推送优质内容。

2)内容偏向实用性

樊登认为,知识付费必须让读者知道读书是有用的,比如怎么领导好自己的公司,怎么找对象,怎么跟老公相处,怎么管好孩子,怎么让心灵安静,从而真正有所收获,并运用到自己的实际生活中。所以樊登读书一上线就只讲三类书:一是事业类,如《可复制的领导力》《沃顿商学院最受欢迎的谈判课》等；二是家庭类，如《亲密关系》《正面管教》等；三是心灵类，如《宽恕》《正念的奇迹》等。这使得樊登读书与得到的用户群形成了显著差异，用户地域分布比较下沉，女性用户占比高于男性。

(3) 打通线上线下

樊登读书既为用户提供线上书籍精华解读、精品课程、学习社群、电子书，也在线下开展各类训练营和读书活动。

尤其是线下，一直都是樊登读书的优势。不仅有数量庞大的樊登读书分会，也有全国遍地开花的樊登书店。当用户成为樊登读书APP的会员后，会员所在地的樊登读书会就会主动联系用户加入社群，参与线下活动，社群成员共同激励彼此，打卡学习。这也为樊登读书吸引到了更多的会员。

2. 樊登读书的商业模式

1) 首推付费模式

传统的互联网思维使"免费模式"根深蒂固，很多人认为互联网上的内容就应该是免费的，所以很多知识付费品牌都是免费很多年，等市场充分成熟，在获得用户的充分信任后，才开始收费。

2013年6月，樊登在西安举办了第一场读书会，而且是免费性质的，但当时却只有三十多个人来听樊登讲书。不过，樊登并没有因此气馁，反而一直坚持举办，内容越来越优质，大家口口相传，来听樊登讲书的人越来越多，读书会一下子火了。而且在这个过程中，他发现自己每次讲完课后，都有学员要购买他的讲课PPT。于是，樊登果断开启了付费模式。

他把一些好书的精华内容提炼成PPT，通过邮件的形式发送给学员们,每周发送一次,每年收取300元费用。这就是樊登读书的雏形。

后来,樊登发现很多买了PPT的人,却并没有认真看,所以他开始在微信群里尝试进行50分钟语音解读,这样学员就能实实在在地听解读,当场吸收,直接而高效。两个付费微信群共有1000个用户,直接收入30万元,后来这笔资金被用来开发樊登读书微信公众号。

2)实现线上会员裂变

目前,樊登读书的营收中,70%左右为会员付费收入。其收益的增长主要体现在樊登读书APP会员的快速增长上。增长逻辑如下:

一是邀请注册。用户每邀请1人可获得3天VIP会员资格,以此类推,上不封顶。

二是邀请付费。用户只要邀请好友付费即可获得600积分,同时被邀请人也可以获得60积分的奖励,有效地避免了"赚朋友钱"带给人的厌恶感。

三是勋章炫耀。利用用户对于读书极多的炫耀心理激励他们进行分享,并进一步地引导用户通过勋章炫耀来邀请朋友。

四是礼品卡赠送。利用"送礼"场景,让用户去"送知识",这个功能在樊登读书用户裂变环节发挥着重要的作用。

五是心理测评。测评内容分类与听书书籍类型一致,包含情感关系、亲子教育、个人成长和心理健康4大类,确保用户感兴趣,主动去进行测评,在测评得出分数后引导用户分享。

六是组队读书:用户3人成队,可以邀请好友参与,个人听完书单内3本书,奖励1天VIP会员;所有队员都听完3本书,队员们可另外获得2天VIP会员;分享则是3天VIP会员奖励。

通过以上的方式,樊登读书实现了强大的会员裂变效果。截至目前,樊登读书APP已拥有超4400万注册用户,累计收听人次超10亿次。

3）运用代理商模式

2014年，樊登读书会开始全面铺开分会模式，陕西、广东、山西、福建、四川等分会相继成立，并且召开了第一次招商加盟大会。但是经过一段时间的运营之后，效果并不是太好，尤其是线上增长实在有限。

一次，樊登去主持一个化妆品大会，有位商业"大牛"跟他说：中国所有的商品只要能下到县里，销售额绝对能超过十亿。而且读书不仅是一二线城市的精英阶层有需求，三四五线城市的用户也有这样的需求，他们对于学习提升同样有焦虑。所以把樊登读书会推广到下沉市场是可行的。于是，樊登开始模仿擅长下沉市场的宝洁公司。

宝洁公司的渠道包括一级渠道和三级渠道，一级渠道主要给一、二线城市供货。主要包括零售商和大型连锁商等中间商，比如家乐福、北京华联、屈臣氏、大润发、华润万家等。

三级渠道的目标是三四线城市和郊县市场。主要路线是：宝洁—分销商，批发商—二级经销商—三级经销商。

樊登读书会模仿宝洁把代理分为三级：省代、市代、县代。其中，省分会以一个大城市为基础，代理商要加盟成立樊登读书的省级分会，需要先要加盟成立市级分会，运营好了才有资格成立省级分会。

加盟会费方面，省级分会100万~200万元，市级分会20万~50万元，县级分会10万~15万元。

此外，代理商的下层用户，即使只是APP的注册用户，在APP个人中心也能生成分销海报，分销出去就能赚到钱，代理商也能拿到分润。还有，代理商可以批发购买读书年卡，再零售卖给客户赚差价。这也极大地提升了他们的积极性，使他们一个个成了樊登读书忠实的创业伙伴。

樊登曾透露，在黑龙江一个叫宝清县的边境小县，都有樊登读书的分会，并且有3000多人是会员，第二年续费率高达80%。

截止到2019年12月，樊登读书会的国内授权已经高达8000家，海外授权117家。

> **链接**：知识付费界曾一度有"四大天王"的说法，他们分别是罗振宇、吴晓波、樊登和李善友。与前面三位相比，李善友名气相对要小一些。李善友曾担任中欧国际工商学院创业学教授，又曾创立了中国第一视频分享网站酷6网，所以在他创办的"混沌大学"里，主要讲授的是创业课程，并致力于创建创新学科体系，将"第二曲线""第一性原理""理念世界"等哲学、科学思维引入商业教育，帮助创新创业者提升认知。

第二节　品牌创业者：自我迭代，多赛道变现

与头部IP不同的是，我们这里所讲的品牌创业者，他们或在创业前籍籍无名，或虽有名气但品牌较小，或者进行多内容赛道变现，并已对知识品牌有较深的研究。比如十点读书的林少，润米咨询的刘润，还有笔者个人创立的字节有趣等，我们在知识付费领域里，都有着各自的代表性。那么接下来，我们就来仔细地分析一下。

一、十点读书——林少的"风口经"

十点读书的创始人林少，原名林斌炜，是一名85后，出生于福建省龙岩市。自学生时代林少就喜欢读书，尤其爱读武侠小说和青春小说。2006年，林少毕业于集美大学机械设计制作及其自动化专业，在厦门的一家飞机维修公司做设计师，十点读书便是在这期间诞生。2014年，林少正式辞职，创办厦门十点文化传播有限公司。

1. 选择最新赛道

林少虽然是一个理工男，但却热爱文学创作，也非常热衷互联网，早在二零零几年的时候，他就开通了自己的博客，写一些东西，虽然没什么名气，但却积累了收集信息和分享信息的经验。

2010年，新浪微博刚刚兴起，有过博客写作经验的林少便利用业余时间，创建了"每日好书推荐"微博账号，并坚持更新，两年的时间积累了二十多万的粉丝。

2012年8月，微信推出了公众号平台。林少又率先捕捉到了风口，转战到了微信，开通了"十点读书"公众号，成为图文内容创业的第一批尝鲜者。

由于他每天坚持更新高质量原创文章，仅用一个多月的时间用户数就过万，不到两年，公众号粉丝增至70万。到2016年时，十点读书公众号的粉丝就已经过千万，几乎发布的每一篇高质量文章，都能获得10万以上的阅读量。

对于公众号的成功，用林少的话说就是——在正确的时间做正确的事情。十点读书如果没有离开微博，转成微信，可能现在仅仅就是一个微博号。从微博到微信可算作是公司发展的转折点。

而与此同时，林少也在公众号的基础上，积极开拓其他赛道。2013年底，觉察到音频内容消费的用户行为变化，十点读书第一时间开通了音频电台；一年后，十点读书完成了在喜马拉雅FM、荔枝FM的网络电台布局；2015年，短视频市场还在拓荒阶段，林少就开始酝酿规划上线视频；2016年，林少搭上了知识付费的顺风车，开启十点课堂；2017年，十点读书成为第一批打造微信小程序矩阵的头部大号；2018年，十点读书又在厦门开了第一家线下书店；2020年，十点读书又推出了微信视频号。

2.品牌定位精准

打开十点读书的简介，我们可以看到它致力于打造1亿女性深爱的文化生活平台，并服务更多的用户和家庭，用文化给更多人带来温暖和力量。

为什么十点读书将女性作为品牌定位人群？

这还是依赖于数据。在十点读书运营的过程中，林少经常去查看用户留言和后台数据，他发现十点读书70%以上的用户都是女性，年龄分布在25~40岁之间。因此，林少认为，抓住了女性市场就抓住了未来市场。于是，十点读书一方面将内容选题定位于女性成长、情商沟通、人际关系、人文读书等类别，一方面又围绕年轻群体的社会关系，例如父母、伴侣、子女，开发子品牌。例如"小十点"，为妈妈群体提供育儿干货，提供亲子阅读的儿童故事。另外，十点读书还围绕女性用户，增设了书籍、文创、居家生活、化妆品等方面的电商产品。

同时，十点读书还在线下举办各种女性活动。比如2021年"618"活动期间的"十点读书首届女性文化消费节"，开启了多场直播，以知识分享为主，输出涵盖女性成长、亲子教育、亲密关系、职场晋升等女性用户最为关注的内容。每场直播观看人数均超10万次，最高单场点赞量超67万次，用户平均消费额达到了150元。

由此可见，十点读书不仅抓住了微信公众号和知识付费的风口，同样也紧紧抓住了女性风口。拥有了囤货能力最强的25~40岁的家庭女性，十点读书也就拥有了未来。

3. 打造文化自媒体矩阵

十点读书聚焦文化类的市场需求，打造自媒体矩阵，实施多元化业务拓展，从图文到音视频、直播，不断深耕，形成了自身的产品体系。目前，十点读书全网已拥有8000万粉丝，分布在微信公众号、喜马拉雅、豆瓣、视频号等平台之中。

微信公众号是十点读书的起点，也是粉丝聚集的大本营，目前拥有6000万粉丝。"十点读书"主账号日推的8篇推送文章，包括励志美文、心灵鸡汤、书单推荐、人物采访等类型的内容，涵盖各圈层人群的阅读需求，几乎篇篇阅读量超过10万，日均阅读量达700万以上。除"十点读书"之外，还针对用户文化生活需求，相继推出"她读""十点读书会""十点电影""十点好物""十点课堂""十点视频""十点人物志""小十点""十点书店"等微信公众号，同时覆盖了知识、电影、娱乐、时尚等领域的内容。

例如，十点课堂作为十点读书旗下的知识付费王牌栏目，从2017年上线至今，已经上线了100多门课程，覆盖升职加薪、人文社科、精致女性、家庭亲子、生活美学等多个领域，拥有超过300万付费用户。

而为了保证内容的优质和规模化产出，十点读书不仅扩充自有的主创团队，同时还采用社会协同的方式，吸纳多元创作者。除原创团队的内容生产，十点读书还增加投稿栏目，主动征集用户作品，并向大量签约作者约稿，或与优质公众号合作，互推内容，为全网粉丝奉献了优质的文化作品。

4. 发力短视频直播

虽然抓住了微信公众号平台、知识付费和女性用户的风口，且林少本人在很早之前就开始关注短视频，但是"智者千虑必有一失"，从目前的情况来看，十点读书确实错过了短视频直播的风口。原因是微信公众号舒适圈的封闭性，用林少的话来说，就是"大多数公司在原来平台活得很好的时候，比较难抓住新的平台，这是我们的遗憾。"

但是，十点读书并没有放弃短视频直播。2020年十点读书在抖音、快手收获了1000多万粉丝，2021年又开始发力视频号。在林少看来，抖音平台机制变化很快，如果哪天没跟上可能就被淘汰了，视频号属于微信生态圈，更偏向社交属性，对于十点读书来说，相对更能长远。

目前，十点读书的视频号以直播为主，短视频为辅。十点读书更看好直播，并致力于打造"直播+社交圈层"的视频号内容社交，已经取得初步效果，至于能否破圈，像前几次那样抓住视频号直播的风口，还需要拭目以待。

二、润米咨询——刘润的"私域版图"

润米咨询的创始人刘润，1976年出生于江苏南京，是国内著名商业咨询顾问，曾任微软战略合作总监，海尔、百度、恒基地产、中远国际、晨兴资本、康宝莱等多家企业的战略顾问。

2013年，刘润从微软离职，创办润米咨询。前期主要做商业咨询、演讲培训，2016年进入知识付费领域。他与得到APP合作的《5分钟商学院》，是得到APP最早的一批付费专栏，获得大卖。根据得到2020版招股书显示，刘润在得到上的《5分钟商学院·基础》《5分钟商学院·实战》两门课程分别有25.9万和17万人参加课程学习，获得分成4839万元。

1. 从线下商业咨询到线上知识付费的蜕变

线下商业咨询和线上知识付费，无论是内容形式还是付费人群，都存在着一定差异。根据知乎网友的评论,《刘润·5分钟商学院》是用5分钟时间诠释一种商业现象和营销手段,简单明了地做出总结,没有丝毫的拖沓和繁复。每一期的内容精简,观点也非常明确。它将我们日常生活工作中所遇到的现象总结提炼,用专业的名词进行解释,给人印象非常深刻。那么,之前一直在做线下咨询的刘润,是如何做到的呢?

首先,这得益于本身的知识储量。在创作《刘润·5分钟商学院》之前,刘润已经在业内颇具影响力,每年大约有100天要给企业家、创业者、CEO讲课。所以,2016年4月,罗振宇找到刘润:"你就给那百十来个企业家讲课有啥意思,带着你的手艺,到我这儿开课吧!"

其次,得到方面给予了精心助力。据刘润说,当他把第一个"5分钟商学院"音频交给罗振宇的时候,受到了罗振宇的批评,于是他咬着牙回去继续修改,就这样反反复复修改了50多稿。

之所以要改这么多稿,最大的原因是刘润需要找到与几十万学员达成共识的区域。过去,无论是微软的同事,还是来咨询的企业家,他们的知识结构与刘润都非常相似。但在线上,几十万学员来自各行各业,他们职位等级不同,知识层次不一,要设计出一款让他们都能听懂、愿意一直听下去、还能击败对手的课程,刘润需要重塑自己的知识内容和讲解形式。

在内容时长方面,每一篇5分钟商学院音频稿的生产流程,都是刘润从两万字左右的素材里,先整理出两三千字的音频稿,然后再字斟句酌地删减到1800字左右的音频稿,既保证音频时长是在5分钟左右,又要保证文章的知识浓度。

在内容结构方面,由于阅读时读者把书拿在手上,方便翻页回看一遍,而听音频节目时,听众一般把手机放在桌子上,不方便倒退回去听。这就要求音频稿必须结构严谨,否则听众听起来就会一头雾水,继而失去听下去的兴趣和耐心。

在吐字发音方面，为了让自己的发音充满吸引力，抓住用户的注意力，刘润还专门请了声音训练师，帮他练习字、词、句的发音，以使讲解抑扬顿挫。

最后，两年多的时间里，刘润整理了超过1000万字的素材，交付了超过100万字的两季课程，录制了600多篇语音，还开展了10场线上直播、20场线下大课、4次海外游学，请了50多位客座教授驻场，甚至发放了20万元的奖学金，如此成就了知识付费金牌课程《刘润·五分钟商学院》。

2. 润米咨询的多赛道变现

刘润团队的人员并不多，属于小而精的团队，并且多个赛道同跑。而且，每年刘润都会写一份"全员邮件"，对公司过去的一年进行总结，展望来年的发展，从中我们也可以看到润米咨询各条业务线的发展情况。

1）线下咨询

线下咨询的主要形态是培训、咨询。刘润是咨询顾问出身，所以培训、咨询也是润米咨询的"稳定器"。因为这个"稳定器"带来的收入，能让刘润团队用自己的钱，充满定力地投资未来，在知识付费领域做一个长期主义者。

但是，无论是咨询还是培训，更多的是输出，一个人如果没有时间输入，没有时间思考，那么不仅他输出内容的质量将大打折扣，而且也无法陪伴团队成长。所以，2022年刘润将做咨询、培训的时间，从159天缩减到了120天，多出来的39天用于学习输入，以及与员工沟通交流，陪伴团队成长。

2）年度演讲

2021年，刘润像罗振宇等头部IP一样，也开启了自己的年度演讲秀。

2021年10月30日，"进化的力量·刘润年度演讲"在上海喜马拉雅中心成功举行。和罗振宇的跨年演讲一样，内容有四个多小时。演讲共分八个部分，分别为：疯狂生长、跨境加时赛、新流量生态、Z0时代、新消费时代、数字石油、活力老人、达尔文雀。俞敏洪、罗振宇、罗永浩等商业领袖也到场为刘润助阵。这说明刘润在知识付费领域的发展又迈上了一个新台阶。

3）公众号

目前，刘润公众号已拥有170万粉丝。在笔记工具"有道云笔记"和新榜共同发布的"最具收藏价值的公众号"，以及印象笔记和新榜发布的同类榜单里，"刘润"在2000万个公众号里，做到了分榜第一、总榜第二。由此，我们也可以看出，刘润公众号文章的质量有多好。

为什么刘润公众号的文章能一直保持高质量，刘润在2022年的"全员邮件"中给出了答案。刘润说，2022年公众号的第一关键词是质量，并且他会调低2022年的增长指标，以确保团队把重心放在质量上。以质量为王，就是这么简单。

4）短视频和直播

刘润在2022年的"全员邮件"中说，短视频和直播是润米咨询2022年的第一个重点，也是"必赢之仗"。

在刘润看来，随着互联网带宽的升级，内容已经从图文时代走进视频时代，短视频和直播将会成为零售、餐饮、电商、娱乐、旅行等一切行业最大的触点。但由于缺乏视频表达经验，刘润视频号与公众号相比，增长较为缓慢。2021年，在订阅用户更多的公众号的加持下，刘润视频号也只增加了十几万的订阅量。这也是刘润团队需要努力克服的一个短板。

5）其他

润米咨询的业务还包括企业微信、读书会、进化岛、润米商城等。本质上，他们都是从朋友圈、微信群、小程序这三个私域触点上生长出来的花果。也因此，刘润的私域版图就形成了：公众号（包括进化岛、勤商日历、刘润读书会），朋友圈（包括企业微信、个人朋友圈），微信群（刘润读书会），视频号（刘润视频号），直播（小师妹请教视频号），小程序（进化岛、润米商城）。

而对于刘润咨询未来的发展，刘润也做了一个很好的比喻：公众号大哥考上了好大学，现在毕业开始挣钱了，一定要懂得照顾曾经牺牲了上学机会的弟弟妹妹们，一定要懂得不断用自己的力量，帮助他们成长，而不仅仅是过好自己的小日子。这一点，会用某种形式，加入公众号大哥2022年的OKR（目标与关键成果）。

三、字节有趣——刘仕杰的"内容战略"

作为知识付费品牌字节有趣的创始人，同时也是一名80后女性创业者，笔者简单分享一下自己的创业过程和心得体会。硕士毕业后，笔者进入读者出版集团工作，主要从事文学艺术类作品策划与出版。在读者出版集团的十年间，笔者了解了出版专业知识体系，完成了从一名业务作者到专业创作人的身份转变，并在此期间一直坚持创作各种类型的内容，逐步积累了一些作品和心得，也成为业内小有名气的作者和策划人。

2019年，笔者选择了辞职创业，成立了甘肃字节有趣文化创业有限责任公司（简称字节有趣），并致力于创作"科学、专业、好玩、有趣"的创意内容。

1. 投入内容创业的时代洪流

在读者集团工作的十年间，虽然身处于传统媒体行业，但笔者一直都在关注新媒体的发展。从早期的自媒体、公众号到后来的喜马拉雅、抖音，内容领域各条赛道在发展过程中，也经历了巨大的变迁。

因为热爱，所以创业之后笔者也一直聚焦内容领域。而所谓内容创业，指的就是以创造高质量的内容为手段的创业方式。因此，字节有趣的业务主要包含内容营销和知识付费两大类。

内容营销，聚焦的是B端的线下客户。字节有趣利用新媒体渠道，用文字、图片、漫画、有声节目或视频等形式，将企业信息、产品信息等友好地呈现在用户面前，有效激发用户参与、分享与传播，从而建立品牌与用户的关系，让用户在对内容感兴趣的同时，认同产品价值，最终形成购买行为。截至目前，字节有趣服务过的客户大大小小有上百家，其中包括桂龙药业、阿里健康、汇仁集团、同仁堂药业等一线大品牌，拥有内涵、有趣味的文化创意内容，为客户实现了品牌的广泛推广。

创业伊始，笔者通过内容营销打下了坚实基础，使得字节有趣有了向更多内容领域探索的底气与勇气。2019年底，笔者开始带领团队在线上做音频节目，与喜马拉雅、蜻蜓FM、懒人听书等平台建立了合作关系，尤其是与喜马拉雅平台建立了深度合作。2019年底上线的侦探推理馆节目，前后两季达到了千万级的播放量。2020年上线的《口才三绝 为人三会 修心三不》节目，更是达到了4000多万的播放量，长期位列职场榜单第一名。

与此同时，字节有趣团队也一直在探索儿童知识付费领域。2020年初，针对疫情，我们创作了儿童防疫有声读本《防疫总动员》，通过故事的方式对新型冠状病毒的发生、传播、防护等进行场景化演绎解答，截至目前播放量已突破1400万次。

伴随着字节有趣在儿童内容领域的深入探索，2021年我们将儿童节目从主品牌中脱离出来，创立了儿童教育频道"夜鸣虫童书馆"。2021年策划出品的日记体有声小说《小跳跳上学记》第一季和第二季，也已经突破了400万次的播放量，位列喜马拉雅儿童新品榜第18名。目前，字节有趣已经有几十张专辑在喜马拉雅等平台上连载，收获了近百万的粉丝。

2. 从图文到有声到视频，为内容寻找更多的可能性

在字节有趣看来，从文字时代到图文时代，再到有声时代、视频时代，形式在变，但内容本质没变。而这也说明环境变了，机遇更多，专业化、定制化的内容创作必将会受到更多读者的青睐。

但是从创作的角度来说，文章、图片、音频、视频和直播，他们分属不同的内容维度，要转化创作其实并没有那么简单。

比如从图书或者说图文内容，转化到有声内容赛道时，我们就策划失误。字节有趣当时策划了一张叫《命里有毒：150位古代女性的传奇人生》的专辑，主要是讲历史上的著名女性，从夏商周到元明清，我们花了一年多的时间精心打磨，光底稿就有几十万字。可是，上线的效果却并不好，喜马拉雅和蜻蜓FM两个平台加起来也才10万的播放量，根本无法收回成本。

但正是从这张专辑中，我们总结出了宝贵的经验。因为传统文章和音频内容，无论是写作方式还是讲解方式，都是不一样的。要做好节目，一是要用更通俗的方式来写作这些女性的一生，同时还要保证内容有重点、有亮点；二是不必非要一次性制作完成再上传，可以边制作边更新、改进，这样既能规避风险，节省成本，又能根据听众的反馈，实时地更

新迭代我们的内容。

有了这次经验,在创作《口才三绝 为人三会 修心三不》时,我们就显得得心应手。写稿的同时,会去研究很多优秀的同类作品,学习同行的创作方式,力争使音频稿更加通俗幽默、有代入感。主播和后期制作也是同样的情况。就这样,我们靠着自己琢磨出来的内容创作方法,陆续打造出了一些市场反响很好的有声知识付费专辑。

如今,我们在保持和提升图文、音频创作水准的基础上,不断地在探索视频化的道路,也取得了一些小小的"不值一提"的成绩。笔者很喜欢刘润老师的一句话:"坚持长期主义,所有的变化都会是利好的。"所以,我也非常期待,我们的团队能够一起学习,一起提升,一起战斗,一起赢得胜利。

链接:在知识付费领域,除了润米咨询和字节有趣之外,还有很多知名的中小品牌。比如"混子曰",以漫画的形式普及历史、科学、文化、财经、健康等领域的知识,目前已经拥有了1000多万粉丝。比如"壹心理",专注于心理健康领域,目前也已经有了1000多万粉丝。所以,开发"小而精""小而美"的垂直知识品牌也是知识付费发展的一大趋势。

第三节 学科意见领袖:让专业课程走进千家万户

意见领袖,又叫舆论领袖,是指在人际传播网络中经常为他人提供信息,同时对他人施加影响的"活跃分子"。在知识付费领域,每一个学科都有自己的意见领袖,比如经济学领域的薛兆丰和法学领域的罗翔等。

一、薛兆丰——打造全球最大的经济学课堂

1. 从普及经济学走向知识付费

薛兆丰，1968年出生于广州，著名经济学家，北京大学国家发展研究院教授。出圈之前，薛兆丰的名气主要是在学术界，其学术专著有《商业无边界——反垄断法的经济学革命》《经济学通识》等。

从20世纪90年代末开始，薛兆丰就开始普及经济学，在《证券时报》《21世纪经济报道》等媒体开设专栏，发表了一系列深入浅出的经济学科普文章，颇受读者欢迎。

但是，传统报刊的读者数量毕竟有限，薛兆丰的经济学普及工作进展缓慢，他的名气也仅在经济学圈子里，直到2016年得到APP的《薛兆丰的经济学课》上线。据说，罗振宇找薛兆丰讲课时，他是拒绝的，觉得日更和创作每期几千字的音频稿是一个不小的挑战。后来，在罗振宇的一再邀请下，薛兆丰终于答应在得到上开课。

尽管过去的十几年薛兆丰一直在做经济学普及工作，但是把文章转化为用户都能听得懂的音频稿，还是费了很大工夫。据说，得到专门为薛兆丰配备了一名一点经济学都不懂的员工，每当这名员工有听不懂的地方，薛兆丰就要进行修改，这个工作量是非常烦琐的。

功夫不负有心人。2017年《薛兆丰的经济学课》在得到上线后两个多月，订阅量就突破了10万，薛兆丰个人收入超千万。

截至目前，《薛兆丰的经济学课》已经有将近60万人加入学习，成为全球最大的经济学课堂，课程收入超过亿元，也是知识付费领域最赚钱的课程之一。

2. 做老百姓听得懂的经济学课

薛兆丰讲经济学，通俗、接地气，没有灌输，也不强加于人，而是从日常观察和逻辑推理出发，注重启发，鼓励思辨。比如薛兆丰讲的"马粪争夺案"。

案件发生在19世纪的美国，案件中的原告请了两个帮工，到马路上捡马粪，晚上6点钟开始干活，干了两个小时，捡了18堆马粪，然后两个帮工就回去，准备第二天驾车来拉马粪。

但是，由于这18堆马粪没有做任何标志，所以第二天一大早，案中的被告看见了这18堆马粪，他觉得这马粪没有主人，也没有标志，于是就把马粪搬回自己家里，撒到自己的田里去了。

到了中午，案中的那两个帮工带着车过来，发现马粪不见了，一问才知道原来是被拉走了。双方因此发生了争执，然后闹到了法庭。他们在法庭上针锋相对，主要有这么几种观点：

一是"溯源说"。有人主张，马粪真正的主人是马，因为马粪是马拉的；也可以进一步说，马粪属于马的主人。但问题是，马的主人把马粪丢在路上，已经放弃了对马粪的所有权。

二是"位置说"。被告主张，马粪掉到马路上，就成为马路的一部分，而马路是公家的，所以谁看见都可以拿走。原告让帮工把马粪堆起来，只是改变了马粪所在的位置，并没有改变它的所有权，因而马粪不归原告所有。

三是"标记说"。法庭上也有人主张，关键看原告有没有给马粪做标记，如果没有做标记，那就不能怪别人把马粪搬走了。

四是"劳动说"。原告坚持认为，是帮工们花费了工夫，才把马粪堆积起来的，所以马粪应该归原告所有。

双方好像都有道理。薛兆丰从经济学的角度告诉我们，18堆马粪属于谁并不重要，重要的是这个判决本身对后代人的影响，以及对后代人行为规范的影响。因此，我们站在社会宏观的角度去思考，要鼓励人们创造财富，而不是标记自己的财产。所以，这18堆马粪应该归属于原告。

不仅如此，薛兆丰还能从经济学的角度，去解答从谈恋爱、找工作到亲子关系、人生选择等各种人生问题，而且思路清晰，十分有趣，无形中拉近了和用户们的距离，也让他积累了大量的粉丝，使他在人生选择时有了更大的底气。

俗话说，人红是非多，成名后的薛兆丰也遭到了许多质疑。尤其是来自北大内部的，有同事质疑他不是正式的事业编制教授，是院聘教授；有同事质疑他的水平像没毕业的经济系的学生，讲的经济学知识缺乏深度，太过浅显。

对此，薛兆丰的回复是：知识的深浅轻重，是以理解现实问题为导向，以解决现实问题为准绳的，没有什么知识是天生就高人一等的。有一些学者，有意无意地把生搬硬套、囫囵吞枣和故弄玄虚当作学问的一种境界。而我相信，哪怕再深奥的知识，也能够清晰地表达出来。

最终，2018年薛兆丰选择从北京大学离职，去寻找更广阔的经济学科普天地。用他话来说就是"我觉得普通大众缺一个改变认知的通道，我也缺一个进行经济学教学实验的平台和机会"。他迈出了这一步。

3. 转战出版和综艺，持续获得商业机会

成为知识个体户后，薛兆丰趁热打铁。2018年6月，他在专栏内容的基础上，精选代表性内容，六易其稿后，推出了新书《薛兆丰经济学讲义》，致力于帮助普通人构建地道的经济学思维。

而薛兆丰的新书发布会，更是地道而富有创意。其主题是"菜市场遇见经济学"，他直接把场地设在了北京三源里菜市场，各种提问牌和新书穿插放在肉店、蔬菜摊、水果铺里。

在薛兆丰看来，知识本来就不应该是高高在上的，它是一门与人们的日常生活最贴近的学问，所以，把自己的新书放在菜市场，算是回到了经济学的原点。而观众们也通过这场特殊的发布会上，了解到货比三家和买菜砍价，原来都是和自己有关的经济学。于是这场发布会，也刷爆了朋友圈，带动了新书销量，也为得到APP的专栏课程涨了一波粉丝。

也是在2018年，薛兆丰在少年得到上线了《少年经济学》课程，这门课中，薛兆丰用买可乐、打车、骑共享单车等生活中的案例，帮助孩子们理解"需求""价格"等经济学核心概念，也为自己收获了一大批青少年粉丝。

与此同时，薛兆丰还参与录制了《奇葩说》第五季。在节目中，薛兆丰轻松拆解各类辩题，比如论题"感兴趣的工作996，我要不要886"，薛兆丰直言"每一个人，每一个时候，都是在为自己的简历打工"。不只如此，节目里不管什么风格的话题，薛兆丰都能见招拆招，用经济学娓娓道来。同时，薛兆丰也惊喜地发现，自己在知识服务变现的同时，找到了另一个向大众科普经济学的路径。

2020年5月，薛兆丰从辩论场又转战脑力竞赛场，担任江苏卫视大型脑力偶像竞技真人秀《最强大脑》的领队。2021年1月，他以"脑力天梯榜发起人"身份参加《最强大脑第八季》；12月又以"半熟观察员"身份参加轻熟龄恋爱观察真人秀《半熟恋人》。

所以你看，薛兆丰一直在尝试，一直在破圈。

二、罗翔——做"最下饭"的法学课程

1. 法学达人撞见"疫情风口"

罗翔，1977年出生于湖南耒阳，北京大学刑法学博士，中国政法大学刑事司法学院教授，司法考试培训机构"厚大法考"独家教师，B站知识区年度最高人气奖获得者。

早在攻读研究生期间，因为经济压力，罗翔开始勤工俭学，在校外的培训机构当兼职老师。最开始他讲课时容易紧张，说话时经常结巴，经过几年的锻炼，胆子越来越大，口才也越来越好。

博士毕业后，他来到中国政法大学工作，同时还担任校外培训机构的兼职老师。这个时候，对他来说讲课已经驾轻就熟，很快他也成为学校里的"网红"。比如他的《刑法总则》课程，本身课容量在200人左右，但是每次讲课都差不多有超过一倍的学生来听，没有座位的学生不得不赶早从门卫处借来凳子。除了教室内的过道，讲台前的空隙处也是黄金座位。这也使罗翔连续多年被评为中国政法大学"最受本科生欢迎的十位老师"。

但不管多火，罗翔还只是火在学校里或法考培训圈。直到2020年春天，当时由于新冠疫情，很多学生宅在家里，线上学习成为主流。于是，他在培训机构的讲课视频就被众多UP主陆续剪辑，搬运到各大平台中，并且频频登上热门推荐位。

尤其是B站，罗翔一下子火得一塌糊涂。于是，B站主动向罗翔抛来了橄榄枝。3月9日，罗翔应邀入驻B站，两天粉丝就超过百万，10天后粉丝超过200万大关，这在对内容质量要求苛刻的B站社区中相当罕见，被誉为"2020最速百万粉传说"。

2. 寓教于乐的教学方式

罗翔的视频短则三五分钟，长则十几分钟，一般都是上传者转录，制作粗糙，有些还有QQ、微信或钉钉响起的背景音。但因为优质的内容，这些都变得不再重要。

罗翔的讲课不仅幽默风趣，而且肢体语言非常到位，极具感染力，适合制作成表情包传播。而且，他也很擅长用B站年轻人的思维与话术，将枯燥的刑法知识"溶解"在各类有趣的例子和故事当中，生动而形象。

如果我们将罗翔的讲课视频拆解开来，通常可以分为三个部分。

第一部分是"解释"，也就是将这节课大致涉及的法律概念、重点及意义，简明扼要地讲一下，相当于论文的摘要或前言。由于内容较为枯燥，罗翔用时最短，平均下来在一分钟左右，然后他便会立刻切换到第二部分的"举例"上去。

罗翔最擅长举例子，这些例子也经常被学生拿来造梗。比如"法外狂徒张三"，张三在案例中犯下的罪恶罄竹难书，他盗窃、抢劫、杀人、受贿、包二奶又重婚，在人们心里是恶魔。每次讲到"张三"时，极具表演天赋的罗翔通常会捏起嗓子，声音尖细，模仿犯案者的内心独白。渐渐地，张三的名气越来越大，在学生们心中的形象也越来越鲜活。

同时，罗翔还有一个举例非常有名，那就是"粪坑案"。

"粪坑案"的主题是探讨正当防卫。话说二十世纪八十年代的一个冬天，妇女干部王某骑自行车回家，在半山腰碰到了一个歹徒，歹徒想要对其进行强暴，王某一盘算：好汉不吃眼前亏，打也打不过，荒山野岭呼救也没人能听见，不如先假意答应下来。然后，她将歹徒带到了一个"平坦的地方"——一个结冰的粪坑边上。

到了地点，王某假意叫歹徒脱衣服，对方欣喜若狂，趁这个空隙她一脚把歹徒踢下了粪坑。歹徒试图往外爬，女子在他手上踩了一脚，歹徒又掉了进去。又往上爬，又踩一脚，又掉了进去。如此来回三次，歹徒彻底掉了进去，再也没能爬出来。

当年，这个案件引起了诸多争议，不少学者认为，踩第一脚属于正当防卫，第二脚、第三脚就属于事后防卫，过当了。

对这种囿于书本理论、脱离了实际的说法，罗翔极不同意。他让大家代入思考：如果你是这个女的，你踩几脚？紧接着他大声地说："我踩四脚，还得拿块砖往他头上砸。"然后，他还不忘提醒大家："砸的时候别把粪溅到自己身上"，话音未落，他又做了一个整理衣服的动作。最后一个部分，是举一反三。罗翔很清楚，讲法律知识毕竟不等同于吐槽、讲故事和讲笑话，要想使学生最终真正有所收获，还是要讲法律深层次的意义，并力求在法律和道德之间做平衡。

比如讲"粪坑案"带来的争辩，其实就是政治学、经济学中经典的"理性人"之辨。其理论基础，就在于人在任何时候都应该保持理性，考虑问题要全面细致。但罗翔认为这种论调是完全的"事后诸葛亮"，因为人从来就不是完全的理性生物，所以执法者一定要把自己代入其中，站在当事者的角度去看问题，这样就不会对当事人有太多苛求了。这也是罗翔课程的根本魅力所在。

3. 不要成为荣誉的奴隶

虽然网络不是法外之地，但网络却是是非之地。尤其是像罗翔这样的意见领袖，发表的任何一句言论，都会被人无限地解读，扣上各种各样的帽子。

比如2020年9月8日，罗翔就因为自己所发的一条微博引发了众多质疑。罗翔写道："要珍惜德行，不要成为荣誉的奴隶，前者是永恒的，后者却很快会消失。"这是罗翔的读书笔记,他还附上了书籍内容的截图。

原本这是一段平淡无奇的话,可当天正好国家举办"全国抗击新冠肺炎疫情表彰大会",于是,网友们联想到了获奖的钟南山、陈薇等专家,认为罗翔是在含沙射影,纷纷对他进行口诛笔伐。随后罗翔很节制地回应了一句,请大家不要做无厘头的过度联想,结果又被网友辱骂。在被网友们"网暴"三个月后,罗翔无奈地退出了微博。

其实,与其说罗翔是在说别人,不如说他是在提醒自己。一夜之间成为一个拥有两千多万粉丝的超级知识网红,参加各种各样的知识颁奖礼,很容易在荣誉和掌声中迷失自己,所以必须要学会把握自己。同时,也要谨言慎行,珍惜自己来之不易的荣誉和名气。而这值得所有的创业者共勉。

> **链接:** 知识包含经济、法学、历史、物理、化学、生物、英语、数学等诸多学科,每一个学科都有自己的意见领袖。在知识付费领域,较为有名的还有物理学界的王维刚、文学界的戴建业、哲学界的傅佩荣等。而类似的居于"庙堂之中"的教授学者,只要能够把晦涩难懂的专业知识通俗化,将其友好地分享给广大普通观众,就能分得知识付费的一杯羹。

第四节　草根知识明星:用知识改变命运

与其他知识明星相比,草根知识明星既没有光鲜亮丽的履历,也没有创办知识品牌的条件,甚至他们连团队都没有,最开始大都是单兵作战,写稿、制作、运营一肩挑。他们是大多数普通人中的一员,不同的是他们对某一知识领域非常感兴趣,并勤于钻研,通过努力在各自选择的知识付费平台上闯出了一片天地。我们接下来就来讲讲河森堡和智能路障。

一、河森堡——最会讲故事的"国博讲解员"

1. 从讲解员到知识网红

河森堡，原名袁硕，1988年出生于北京，国家博物馆讲解员，科普作家，代表作品《进击的智人》。河森堡这个名字，是他为了向自己的偶像德国物理学家海森堡致敬而起的。

2011年，袁硕毕业于首都师范大学计算机专业，却并没有像很多同学那样投身于互联网IT行业，而是选择了一个自己更感兴趣的职业——进入了国家博物馆担任讲解员。

一般的讲解员工作时，喜欢照本宣科地讲解历史，介绍文物，参观者跟着他走一圈下来，虽然也听了讲解，但好像什么也没记住，就如同走了一个流程。最初的河森堡同样也是，进入国家博物馆时他把讲解词背得滚瓜烂熟，然而，很多前来参观的人听着这套体系的讲解时，并不是很有兴趣，甚至只是出于礼貌勉强跟完了全程的讲解。

于是，他开始反思，并在讲解的过程中注入自己的风格，摸索出了故事化的讲解模式，无论是讲解"古代中国"还是"复兴之路"，他都会从最小的切口切入，从一个杯子、一件首饰的故事讲起，最后折射出背后的大历史。这种有故事、有细节的讲解方式，使参观者从中感受到"历史的温度"，也让枯燥的讲解知识变得活灵活现，引人入胜。很快，袁硕就成了国家博物馆最受欢迎的讲解员之一。

但是，毕竟国家博物馆舞台有限，袁硕开始隐隐担忧，生怕这辈子就这样走下去了，到退休的时候依然是一个普普通通的博物馆讲解员。

他觉得一生就这么不温不火、不上不下地过下过去,是没法给自己交代的。在认真工作之余,他也在积累实力,等待着出圈的一天。

终于,2016年6月,乘着知识付费元年的东风,袁硕开始以网名"河森堡"在知乎上发表科普类文章。同时,他也在知乎Live上直播,《风中的王朝:青铜、甲骨、活人祭》《从北京郊区的食人魔说起》《我在国家博物馆的这五年》三场直播下来,其演讲风格获得了网友的认可,并积累了大量粉丝,成为知乎上有名的"大神"级人物。河森堡终于出名了。

2. 不断拓宽自己的边界

成名就要马不停蹄。2016年11月,河森堡参加知识综艺节目《一站到底》,连胜强敌,一炮而红。与其他嘉宾不同,河森堡很淡定,善于给自己制造"个性化"的标签。比如在节目答题环节,他故意将第一道题答错,第二道题答对,接下来的几道题都是以一对一错的组合来获得最后的胜利,避免"同质化"的同时也给自己制造了话题。

2017年是河森堡最火的一年,点燃这把火的是他在网络演讲节目《一席》中演讲的《进击的智人》。在短短37分钟的时间里,他讲完了人类几百万年的进化史,让网友们充分感受到了什么叫作"有种,有料,有趣"的专业化讲解。

在讲解中,河森堡通过讲解我们熟悉的北京猿人将观众带入情境,并且还把北京猿人比喻成食人魔,在观众脑海中形成画面感。同时,他在讲解历史时又将地理学、生物学等知识融入其中,学科交叉,知识点爆棚,干货感满满。还有,他还喜欢用象声词和肢体动作,使人类史中发生的一些故事讲得更加生动有趣,再加上他时而抖出的一些有关生活常识的小包袱,使观众感觉到听相声一般地过瘾。另外,河森堡的讲解有很多颠覆认知的内容，比如他讲我们的智人祖先在一万两千年前的冰河世纪，无意间从俄罗斯走到了美洲的阿拉斯加；让我们重新认识到了原始人类究竟是怎样在美洲大陆上生死搏杀，也让我们深刻地理解到了什么是"物竞天择，适者生存"的丛林法则。

"颠覆性"的内容，再配以"势如破竹"般的讲解，让观众有了"惊心动魄，畅快淋漓"的知识获得感。这段讲解视频也被广大网友大量转发，河森堡被形容为"10万+"知识型网红。

在随后的一个月的时间里，河森堡受邀参加第四届知乎盐Club、拍摄二更视频个人纪录片、优酷纪录片《我是博物馆讲解员·2017梦想季（二）》，以及FigureVideo短视频，网络上铺天盖地都是河森堡的视频。2018年，河森堡又登上《奇葩大会》，这把火越烧越旺。

3. 为财富自由奋斗

有人说，知识与金钱挂钩，就受到了玷污，变得廉价。河森堡对这句话很不赞同。与很多"犹抱琵琶半遮面"的知识博主不同，河森堡向来不忌讳谈论自己对财富自由的渴望。

在国家博物馆，河森堡每月拿着5000块钱的工资，在北京这样一个高消费的地区，显然是无法养活自己的。他必须在做好本职工作的同时，拥抱更多的赚钱机会，使自己的人生有更多的可能。所以，他会坦然地说："如果一个人有足够的财力，就可以很轻松地贯彻自己的意志，去做自己想做的事情。"在《奇葩大会》的舞台上，他曾畅想起财富自由以后的生活：在加勒比海上拥有一艘加长版豪华游艇，穿着花裤衩，躺在阳光椅上晒太阳。

幸运的是，知识付费给他和与他同样的有知识却拿着微薄收入的人带来了财富机会。河森堡有很多做科普的朋友，用他的话来说："这些人在研究所和专业机构过着'暗无天日'的生活，一个月可能拿三四千块钱的工资。其实他们的手艺价值远远高于薪水，在网络上他们可以找到自己的价值，得到应有的回报。这在移动端互联网崛起之前是难以做到的。"

虽然向往财富自由，经常参与商业活动，但河森堡却并不认为自己是个商人。他说："我依然觉得我是一个从事文化工作的人，只不过也接触到了商业。"

所以，在直播带货时代，河森堡将文化与商业结合，开启了自己的直播带货生涯。他的直播间里，书是最核心的产品。一旦讲到书，他就立马又变成了博物馆的讲解员，书中的故事和知识被他演绎得活灵活现。另外，他也经常以书会友，王立铭、马伯庸、六层楼等创作者，也都曾出现在他的直播间里。

截至目前，河森堡在他的自媒体主阵地微博中已经收获了600多万粉丝，依旧在为他的文化传播和财富自由努力着。

二、智能路障——低学历也能做好知识付费

1. 让阅读点亮自己的人生

与其他意见领袖和知识网红相比，智能路障既"无名"，又低调神秘。他没有什么学历背景，也没有风光的履历，甚至在网上都查不到他的真实姓名。我们仅知道他是B站的科普UP主，有近300万粉丝，获得过"2020年B站百大UP主"称号。但也正是如此，他变得更具有代表性。因为互联网中有千千万万类似于他这样的知识博主——通过知识改变了命运。

在成为UP主之前，"智能路障"有着颇为传奇的底层经历。他年少

时，父亲吸毒败光家中积蓄，父母离异后他跟着母亲生活。母亲在超市里打工，工资很低，他们的生活艰难拮据。他的学习大概也是在这个时候一落千丈的。

但同时，处于人生迷茫期的他又迷恋上了读课外书。初中时，他经常在课堂上偷偷看一些名著。令他印象最深的是《老人与海》和《活着》，海明威笔下刚强的老人与余华塑造的苦痛命运，使他产生了强烈的共鸣。

后来，智能路障上了中专，毕业后由于学历低，只能做一些底层工作，对他来说最好的工作无非是销售。他给培训公司拉学员，在化妆品公司擦过地板，最后靠着卖网游装备、攻略和代练，一个月挣到了3000元。

可是，游戏毕竟不是长久之计，随着用户的流失和同行盗版的影响，他的收入越来越低。于是，那段时间，20岁出头的他又把目光重新聚焦在了读书上。他开始给自己定下了"每个月看四本书"的目标，此后慢慢地增加阅读速度和数量。期间他也尝试了写作，写了两三个月后，觉得自己没有天赋，再加上成年人的经济压力，便放弃了。

几年后，他开始在B站上做自媒体视频。最开始是做游戏测评视频，第一期是对一款赛车手游中的氪金道具进行测评。因为游戏里可以撞击路障，所以他便取名"智能路障"。

在视频里，智能路障主要讲游戏抽奖的机制、分析游戏的经济原理，不仅结合自己的经历，还看了很多经济学领域的书籍去做研究。没想到受到了不少网友的欢迎，粉丝数很快达到了十万。不过，真正使他大红大紫的，却是一批解读鲁迅的科普视频。正是从解读鲁迅开始，"智能路障"出圈了。

2. 成为余华在B站唯一关注的人

2020年9月20日，智能路障在自己的"围炉夜话"栏目中，发布了一条"鲁迅是被吹捧出来的吗"的视频。在视频里，他讲述了自己对鲁迅的初步认知，以及余华、莫言和一些外国作家对鲁迅的看法。没想到短短几天播放量就超过了300万，粉丝涨了近10万。

对于为什么要讲鲁迅，智能路障的解释是，那些年看到网上有很多人发所谓的鲁迅语录，真真假假，热热闹闹。同时，他又看到B站上缺乏解读鲁迅的视频，于是买下了一套18本的《鲁迅全集》阅读，准备出两期视频，一期讲生平，一期讲作品。

可是，当他认真用心地阅读鲁迅的文章时，却发现用两期视频来讲鲁迅是无论如何都不够的。于是，他又把两期扩展为6期。但是6期同样不能囊括鲁迅深刻的思想，就连他所买的18本《鲁迅全集》也不够用了。于是，他在做鲁迅系列视频的过程中不断地买书，最后竟买了三四十本。

资料虽然准备得很充分，但如何写作，如何输出呢？智能路障并非专业的鲁迅研究者，他甚至连一堂专业的文学课都没上过，但这对他来说也不是坏事，他反而没有了那么多的束缚，甚至可以从另一个视角告诉读者们，作为凡人的鲁迅，他的一生是怎样的？

在每一期视频的简介里，我们都能看到他的文案来源。鲁迅的随笔、日记、书信以及其他作家写的关于鲁迅的作品，都是他的视频素材。不仅材料充分，而且他的文案深入浅出，十分有趣，最关键的是跟现代人当下的工作和生活相联系，从而引发共鸣。

比如讲《藤野先生》时，智能路障会从鲁迅艰难的求学经历讲起，鲁迅日语不好，在学校学习很吃力，再加上吃不好穿不好，还总被日本同学所排挤，而这种背景下，藤野先生的友谊对他来说就显得弥足珍贵。

听完智能路障的讲解,很多人也为他们的友谊所感动。

比如他讲《孔乙己》,将长衫帮、短衣帮和店老板的身份和阶层,对应到如今的社会阶层之中,使观众自动代入,发现孔乙己不是别人,正是我们每个人自己。

比如他讲鲁迅的原配妻子朱安,将鲁迅如何被母亲蒙骗、朱安婚后如何独守空房等细枝一一为我们呈现。也因此,鲁迅既厌恶这场包办婚姻,又同情被封建礼教束缚的朱安。而有了这层关系,我们自然就能理解鲁迅日后为什么要写祥林嫂这个形象。

总之,通过智能路障的视频,年轻人重新认识了那位活在教科书里的鲁迅,也重新认识了孔乙己、阿Q和祥林嫂这些鲁迅笔下的人物。甚至有观众在评论区里说"以前读书的时候看鲁迅的文章觉得受罪,因为根本看不懂,现在被UP主这么翻出来品了一下,反而成了一种享受"。

也正是因为有了粉丝的支持和鼓励,截至目前,智能路障的鲁迅系列已经更新了26期,总播放量近4000万。在2021年4月的世界读书日上,智能路障应邀与作家余华进行了一次现场对谈,连余华都告诉他:"你是我在B站唯一关注的人,我最喜欢你讲的孔乙己!"

3. 直面问题,成就更好的自己

跟很多知识网红一样,在出名之后,智能路障也遭遇了不少质疑。尤其是关于抄袭方面的,比如智能路障早期的游戏类视频中,有一期被一位有几十万粉丝的博主质疑,说智能路障引用了自己的大量原文,并没有注明出处;再比如有一期视频中,他在未经授权的情况下使用了他人21秒的视频素材。

于是,有人质疑智能路障的人品,有人坚决捍卫他,说相比于网络上许多到处洗稿、到处拼凑的博主,智能路障已经算是良心博主,况且文字抄袭缺乏直接证据，是不是抄袭很难界定，而视频素材盗用是合作的剪辑师所为。

但不管是有意无意，这些都是智能路障必须直面的问题和错误，而他也以删除视频作为回应。同时，这也给更多创作者留下了思考的空间，在更新压力和竞争压力越来越大的今天，我们究竟该如何规范自己的行为，如何提升自己的原创能力，如何持续地输出优质的内容作品？

> **链接：** 在知识付费创业时代，每一个有知识的草根都有机会成为知识明星，重要的是我们要懂得如何开发自己。首先要在自己擅长的领域里，对专业、系统的知识进行提炼和转化，使其更容易被普通网友吸收；其次要融入个人风格，或搞笑，或深刻，或严肃，形成自己的标签；然后要不断学习，勤奋输出，坚持原创，积累用户，最后实现从量变到质变的飞跃。

后　记

　　知识付费行业本质上是一个内容生产行业。内容分为两种，一是娱乐型内容，它处于人们思维的舒适区，不需要花费脑力去理解；另一种是知识型内容，需要人们开动思维，花费脑力去理解。知识付费显然属于后一种。

　　人类的历史似乎总是盛极必衰，衰极必胜，循环往复，周而复始。当一个王朝到达最繁荣、最强盛的顶点后，往往会走下坡路；反之，当一个王朝到达最腐败、最黑暗的顶点后，往往会有人推翻它，一个新的繁荣强盛的王朝随之登场。如果从这个角度来看今天的内容行业发展，我们就会发现，娱乐化的内容已经到了发展繁盛的阶段，从图文到影音再到各种千奇百怪的直播内容与形式，在刺激人们眼球的同时，也带来了审美疲劳和心灵空虚。

　　也许这个时候有人会说：娱乐的未来还有元宇宙！那就来说一下元宇宙。

　　元宇宙，官方的解释是利用科技手段进行链接与创造的，与现实世界映射和交互的虚拟世界，具备新型社会体系的数字生活空间。说白了，就是"虚拟的现实世界"。在元宇宙中，人们可以使用不同的虚拟身份进行现实社会中已有的一切社会活动，包括娱乐、社交、工作、赚钱、消费，等等，甚至还可以在元宇宙里谈恋爱、结婚。

听起来好像极具吸引力。但是想象美好，想要实现它不仅需要很多年的时间来形成这项技术，还要面对政策、伦理、监管等各方面的问题。所以，未来的元宇宙解决不了现在人们对于内容的需求。而现实是：

多少人在长时间刷抖音快手后觉得没意思，但不刷好像更没意思？

多少人一边刷着娱乐短视频内容，一边自责于虚度光阴，但却始终拗不过算法推荐的威力？

多少人想要学点东西，却不知道去哪学，如何学，怎样学？

这些人给了知识付费行业发展的动力，同时也给了"娱乐至死"的内容平台一个转型的机会，流量算法开始向知识类内容倾斜。比如抖音，《2021抖音泛知识内容数据报告》显示，过去一年抖音上的泛知识内容播放量年同比增长达74%；再比如B站，2021年泛知识内容在B站总播放量占比达到了45%，知识区创作者一年规模增长了92%；还有微信视频号，流着微信的"社交血脉"，朋友点赞的"社交推荐"在算法中占比55%，而朋友点赞的内容大都是知识类、实用类内容。所以，这便是知识创作者的机会。

我们都知道，知识类创作门槛要远高于娱乐类，因为它要求创作者首先要有一定的知识或技能储量，这样他才有教别人的资本。但这并不是说，你就一定要是大IP、教授、专家、学者。因为肚子里知识再多，如果输出的内容都是高深莫测的"阳春白雪"，大家都听不懂，也不会有人愿意为之付费。

当前，知识付费有三个下沉迹象：内容下沉、生产者下沉、用户下沉。越来越多三四线城市的消费者选择知识付费，一方面他们更需要垂直化的知识，比如教会我如何搞定婆婆，如何跳好一支舞，唱好一支流行歌曲；另一方面他们需要更加通俗化、轻松化和接地气的内容，这也符合人性——人们往往会更喜欢简单通俗易懂的内容。

笔者实践得出的经验也是这样的。字节有趣在喜马拉雅上的《口才三绝 为人三会 修心三不》《格局：你的格局决定人生结局》等职场类节目，遵循的就是这个原则，所以才能热度不减，长销不衰。因此，在我看来，只要你有自己擅长的专业，爱学习，懂得输出用户喜欢的知识内容和形式，普通人也有机会在知识付费市场分一杯羹。

再来说一说知识付费品牌的问题。如今，知识付费用户对头部品牌产品的需求越来越弱。据艾瑞咨询发布的《2018年中国知识付费市场研究报告》显示，头部TOP3平台占据35%的产业规模，腰部TOP4-10平台占据25%的产业规模，此外众多长尾平台分享其余的40%的份额。几年过去了，长尾市场（包括企业和个人）在逐年增长，这从一些头部品牌的营业收入和新增用户数量下降就可以看出来。比如得到，其招股书显示，2017—2020年这4年，得到APP新增注册用户数量分别为595.17万人、681.37万人、397.5万人和298.53万人，2019年新增用户数量较上年减少了41.66%。

然后再谈谈创始人IP方面的问题。诚然，创始人IP化是最省力、最保险的企业品牌建设方法之一。但在品牌成熟之后，过度地依赖创始人IP，一旦个人信誉受损会对公司产生全军覆没式的影响。所以，像一些头部IP都已经在"去创始人IP"。比如在吴晓波频道，吴晓波只在必要的环节和场合出现；比如在得到，被质疑贩卖焦虑的罗振宇又建立了自己的二级梯队，把幕后的CEO脱不花推到了前台；还有更多知识品牌的直播中难见创始人的身影，大都是采用"主持人+嘉宾"的形式。

最后，我们再讲一讲"长期主义"这个时髦词。刘润老师曾经说过：

"真正聪明的人，都会坚守长期主义。然后坚定地创造客户价值，给合作伙伴，给消费者，留出足够的价值空间"。作为内容生产行业的知识付费，具有内在"质的规律性"，即消费者总会选择更加优质的内容。因此，无论是创作生产上还是价值经营上，都需要一个相对长的周期。

所以，做知识付费没有捷径，那就是"学习→输出→学习→输出"的不断循环，从深入内容到深入浅出，从图文、音频到视频、直播，使自己和产品不断地更新迭代。这就是知识付费的长期主义！这就是知识付费的终极成功秘诀！